Descubriendo a Mi Otro Yo

La guía práctica de transformación personal para alcanzar el éxito en los negocios, la salud, las relaciones, el amor y el dinero de forma duradera.

Oscar Berney

DESCUBRIENDO A MI OTRO YO

La guía práctica de transformación personal para alcanzar el éxito en los negocios, la salud, las relaciones, el amor y el dinero de forma duradera.

OSCAR BERNEY

ACERCA DEL AUTOR

Oscar Berney, visionario, empresario y autor de este libro, es una persona que desde sus inicios nunca la tuvo fácil. Desafió la adversidad forjando su propio camino hacia la grandeza. Desde su infancia, el amor al deporte, en particular la halterofilia, la convirtió en su pasión, convirtiendose en atleta de alto rendimiento fue campeón nacional en repetidas ocasiones en las categorias juveniles y destaco en escenarios internacionales, representando orgullosamente a su país.

Su experiencia en el deporte le permitió fascinarse por desentrañar los secretos de la mente y el potencial humano en busca de su máximo rendimiento. Graduado como fisioterapeuta de una importante y reconocida institución universitaria de su país, no solo posee un profundo conocimiento académico en la neurociencia, sino también una comprensión empática de los desafíos que enfrenta cada individuo en su viaje de autodescubrimiento.

Con una pasión ardiente por el crecimiento personal, Oscar ha dedicado gran parte de su vida a estudiar y aplicar estrategias prácticas y poderosas para desbloquear el potencial latente que yace dentro de sí mismo y que todos llevamos dentro. Su enfoque único, fusionando la neurociencia y la ciencia cognitiva con la espiritualidad práctica, le permitió desafiar su propia adversidad en la que estaba destinado a vivir por su origen humilde.

"Descubriendo a Mi Otro Yo" no es solo un libro; es el reflejo de la travesía de Oscar. Invita a los lectores a un viaje revelador, prometiendo no solo cambiar perspectivas, sino también encender una llama que arderá con la fuerza de la autenticidad y el éxito duradero.

CONTENIDO

Indice

EL PARADIGMA

Nada sucede por casualidad si estás leyendo este libro ahora es porque el destino te trajo aquí en este momento y quiere que realices un cambio significativo en tu vida económica, salud, familiar y /o amorosa.

Estás a punto de embarcarte en una emocionante travesía, una aventura que te llevará a explorar el fascinante mundo de la transformación personal.

Para comenzar en este viaje que acabas de emprender comenzaremos investigando el misterio que rodea la capacidad de algunas personas para transformar y cambiar sus vidas en poco tiempo, mientras que otras por más que lo intentan jamás lo logran. ¿Cuál es el secreto o la clave que distingue aquellos que logran el éxito de aquellos que solo consiguen fracaso? la respuesta a estas y otras preguntas la descubrirás en el transcurso de la lectura de este libro.

INTRODUCCIÓN

Despierta tu grandeza, en las páginas de "Descubriendo a mi otro Yo", te sumergirás en un viaje único de autodescubrimiento y transformación personal hacia tu mejor versión. Este libro no solo es una guía práctica sino un despertar, una invitación a desbloquear tu potencial más allá de las limitaciones. Descubre cómo convertir sueños desafiantes en logros tangibles, supera obstáculos mentales y redefine tu destino. Utiliza métodos respaldados por grandes expertos y sigue un plan de acción con resultados tangibles en 21 días. Este libro es tu guía hacia el cambio, donde el fracaso se convierte en un trampolín para el éxito duradero ¿Estás listo para construir un yo que refleje tus sueños más audaces?

Bienvenido, tu viaje de transformación personal comienza ahora.

CAPÍTULO 1

El COMIENZO DEL CAMBIO

Todos tenemos o conocemos a una Ángela, posiblemente seas tú en este caso, yo en el pasado he sido una Ángela, la persona que siempre está a dieta. Me atrevo a asegurar que tú conoces a alguien así. Mi hermana, por ejemplo, desde que tengo uso de razón, siempre ha estado en una dieta y han pasado casi 30 años de dietas, pero sigue igual, tal cual la recuerdo desde hace 30 años, pero un poco más subida de peso.

Todos conocemos a un Oscar que, desde hace más de 10 años, se dedica a buscar la forma de ganar dinero por internet. Compra los mejores cursos, dedica más de 8 horas diarias a desarrollar proyectos en línea, nunca es consistente y siempre termina realizando una nueva formación sin haber terminado la anterior o a ver generados ingresos de forma consistente.

Todos conocemos a un Carlos, un padre ausente, una persona estresada que siempre va al trabajo. Tal vez le esté yendo bien financieramente, puede que esté logrando su sueño, pero siempre está ausente, siempre está lleno de estrés, siempre tiene rabia, y su salud está en proceso de deterioro. También conozco a un amigo que ha sido así desde que tengo uso de razón, una persona a la cual se le ha dicho en múltiples ocasiones que debe cambiar porque va a afectar radicalmente a su familia que convive, a sus trabajadores y su propia salud, y aunque en ocasiones manifiesta que va a cambiar, sigue igual.

De hecho, todos conocemos a una Jazmín, una mujer que, no importa la cantidad de hombres con los que ella salga o conozca, siempre termina con el hombre equivocado. Siempre termina con el hombre que la va a gritar, la va a maltratar física y verbalmente, la va a engañar y al final le va a terminar partiendo el corazón. Y siempre pasa lo mismo por más prevención que tenga, pase lo que pase, Jazmín termina con el mismo tipo de hombre y al final saca su propia conclusión: que todos los hombres son iguales, que los hombres no son buenos, que los hombres son malos.

Todos también conocemos a un Cristian que, desde hace años, posiblemente décadas, tiene un mal hábito con las drogas que quiere dejar y que múltiples veces ha llorado, ha dicho, 'lo voy a dejar, no va a ser parte de mí, ya por fin me voy a librar', pero sigue ahí, sigue encadenado a hábitos, con comportamientos destructivos.

Y todos conocemos a un Diego que siempre está tratando de mejorar su economía, siempre está emprendiendo un nuevo negocio. Al principio le puede ir bien, pero al final siempre termina arruinado o peor que cuando comenzó.

Para que los cambios que nos proponemos persistan y sean duraderos, debemos convertirnos en personas distintas, debemos descubrir y moldear nuestro otro yo.

Pensemos en la gente como Diego, que siempre está empezando un nuevo negocio, o Ángela, que siempre está empezando una nueva dieta. Al principio pueden hacer cosas y les va bien por un momento, pero después siempre regresan a lo que han sido antes.

Con el tiempo nos damos cuenta de que muy poca gente realiza un cambio significativo en relación con sus metas y objetivos propuestos, y es por eso que quiero, en este libro, enfrentar el mito de la desinformación y verdaderamente indagar cómo es que creamos una verdadera transformación personal duradera y que persista en el tiempo desde un punto de vista más práctico que teórico.

Nos encontramos al borde de una emocionante travesía, una aventura que explorará el fascinante mundo de la transformación personal. En este viaje, desentrañaremos el misterio de por qué algunas personas logran cambiar, transformarse, mientras que la gran mayoría se enfrenta a la resistencia al cambio.

¿Cuál es la clave que marca la diferencia entre quienes pueden y quienes no pueden cambiar? Esta búsqueda me llevó a realizar una investigación muy rigurosa que la describiremos en el siguiente capítulo, donde serán desglosados los 5 pilares que requieres implementar para lograr la esencia necesaria para lograr una transformación genuina y perdurable en tu vida y puedas descubrir el verdadero yo que está muy dentro de ti y que en verdad puedas ser la persona que quieres ser.

CAPÍTULO 2

LOS 5 PILARES DE LA TRANSFORMACIÓN

Imagina que eres Ángela, Oscar, Carlos, Jazmín, Cristian o Diego, enfrentando patrones que parecen imposibles de romper. Pero aquí está la clave: los 5 Pilares de la transformación, fundamentos esenciales que si los aplicas de la forma correcta te llevarán a cambiar tu vida de manera significativa y duradera para siempre.

Pilar Número Uno:

Un Nuevo Paradigma y Sentido de Identidad

Imagina el paradigma como las gafas a través de las cuales ves el mundo. Es la lente que filtra tus creencias, tus límites y tus posibilidades. Este pilar es fundamental porque, para cambiar, primero debes desafiar y ajustar ese conjunto arraigado de creencias que has acumulado a lo largo del tiempo. ¿Cómo te ves a ti mismo? ¿Qué historias te cuentas a ti mismo sobre tus capacidades y limitaciones?

Este pilar implica una reescritura profunda de tu historia personal. Es dejar de lado las etiquetas autoimpuestas y adoptar un nuevo lenguaje interno. Si te has identificado como alguien destinado al fracaso financiero, como alguien incapaz de perder peso, o como alguien con malas relaciones, es hora de cuestionar esas narrativas.

Cambiar tu sentido de identidad no es simplemente afirmar: "Soy exitoso" o "Soy saludable". Se trata de internalizar estas afirmaciones a nivel subconsciente, de convencerte a ti mismo de que eres la persona que deseas ser.

Es un proceso de introspección profunda, de confrontar las raíces de tus creencias limitantes y además reemplazarlas con una visión de ti mismo como alguien capaz de alcanzar nuevas alturas.

Este pilar implica desmontar la estructura de autolimitación y construir una identidad basada en el potencial ilimitado que posees. Necesitas reconocer y desafiar esos patrones mentales que te han mantenido en una zona de confort insatisfactoria.

Te invito a reflexionar sobre las siguientes preguntas: ¿Cómo te defines actualmente? ¿Qué creencias sobre ti mismo te han frenado en el pasado? ¿Qué nueva identidad deseas crear?

Este proceso no solo cambiará la forma en que te ves, sino que también influirá directamente en las acciones que tomas en tu vida diaria. Un nuevo paradigma y sentido de identidad te brindarán la base sólida necesaria para construir la vida que deseas.

Ahora, piensa en tu identidad como una historia en constante evolución. La narrativa que te cuentas a ti mismo se manifiesta en cada elección que haces, en cada acción que emprendes. Entonces, ¿cómo quieres que sea tu historia?

Imagina que eres el autor de tu propia biografía, y este es el momento de darle un giro épico. Tal vez hayas sido el protagonista de desafíos y luchas, pero cada héroe tiene su momento de transformación, este es tu momento.

El proceso de cambio comienza desafiando tus creencias arraigadas. Rompe con la idea de que "así es como siempre he sido" y permítete explorar nuevas posibilidades. Visualiza la versión mejorada de ti mismo, aquel que ha superado obstáculos, ha alcanzado metas y vive la vida que desea.

Es crucial entender que este cambio no es superficial; no se trata solo de cambiar tu comportamiento externo. Es una revolución interna, una transformación de tus pensamientos más profundos. La clave está en creer en la posibilidad de cambio, en aceptar que mereces una versión mejor de ti mismo.

Ahora bien, ¿cómo te gustaría que te percibieran los demás? ¿Qué logros definirán tu nueva identidad? Este pilar es la base sobre la cual construirás los cimientos de tu transformación. Al adoptar un nuevo paradigma y sentido de identidad, te estás comprometiendo a ser el arquitecto de tu propio destino.

En este viaje, despojarte de las limitaciones autoimpuestas te permitirá abrazar las oportunidades con una mente abierta y un corazón valiente. Este es el primer paso hacia una transformación duradera y significativa. Así que, ¿estás listo para reescribir tu historia y adoptar una identidad que refleje tu verdadero potencial? Este es solo el comienzo, y estoy emocionado por el viaje que emprenderás mediante la lectura y puesta en práctica del contenido de este libro hacia la búsqueda de la mejor versión de ti mismo. **¡Si te lo propones, lo puedes lograr!**

Pilar Dos:

Un Proceso Comprobado

En nuestra búsqueda de transformación personal, es esencial contar con un mapa confiable que nos guíe hacia el cambio deseado. Aquí es donde entra en juego el segundo pilar: un proceso comprobado. No nos embarcamos en esta travesía a ciegas; en cambio, seguimos un camino pavimentado por la experiencia y el éxito de aquellos que han venido antes que nosotros.

Imagina este proceso como un viaje bien planificado hacia una tierra prometida. Cada paso, cada estrategia, ha sido meticulosamente diseñado y probado para garantizar resultados tangibles. La belleza de un proceso comprobado radica en su capacidad para ser replicable y adaptarse a diversas situaciones. Lo que ha funcionado para muchos puede funcionar para ti, siempre y cuando sigas el camino trazado.

Este proceso no es una solución rápida ni una fórmula

mágica; es una metodología sólida respaldada por evidencia y resultados tangibles. Nos sumergimos en la comprensión de que cada acción que tomamos es una inversión en nuestro propio crecimiento y éxito.

El proceso comprobado no solo se trata de acciones externas, igualmente de una transformación interna. Se extiende más allá de las tácticas superficiales y aborda la raíz misma del cambio. Al comprometernos con este proceso, estamos comprometiéndonos con un cambio profundo y sostenible.

Este pilar también nos brinda la seguridad de que no estamos solos en este viaje. Muchos han recorrido este camino con éxito, y sus experiencias se convierten en faros que iluminan nuestro propio camino. Al adoptar y comprometernos con un proceso comprobado, nos aseguramos de no reinventar la rueda, sino de seguir una ruta que ya ha demostrado ser eficaz.

Así que, al sumergirnos en este segundo pilar, recordemos que no solo estamos adoptando un método, también una filosofía de crecimiento constante. Estamos eligiendo la certeza sobre la incertidumbre, la dirección sobre la confusión. Este proceso comprobado se convierte en nuestra brújula, y con cada paso que tomamos, nos acercamos un poco más a la transformación que anhelamos. ¡Sigamos adelante con determinación y confianza!

En este viaje hacia la transformación, el pilar del proceso comprobado nos proporciona la estructura necesaria para desbloquear nuestro potencial latente. Veámoslo como un manual detallado que nos guiará a través de las complejidades del cambio. Ahora, profundicemos en los aspectos clave de este segundo pilar.

Primero, un proceso comprobado implica la implementación de estrategias respaldadas por resultados verificables. No estamos tratando con teorías vagas o conjeturas; en cambio, estamos abordando un conjunto de acciones específicas que han demostrado ser efectivas en situaciones similares. Esta base empírica no sólo infunde confianza, también elimina la incertidumbre que a menudo acompaña al proceso de cambio.

Segundo, la comprobación de este proceso proviene de la experiencia directa y los testimonios de aquellos que han transitado este camino. Estamos construyendo sobre el conocimiento acumulado, aprendiendo de los éxitos y desafíos de quienes han alcanzado el cambio que buscamos. En este sentido, no estamos solos; estamos conectados con una red de individuos que comparten una visión similar de transformación.

Además, un proceso comprobado es dinámico y adaptable, reconoce que cada persona es única y puede enfrentar desafíos específicos en su camino. Por lo tanto, la flexibilidad está integrada en el proceso; podemos ajustar y personalizar según nuestras necesidades individuales, manteniendo al mismo tiempo la integridad y eficacia del método.

Al comprometernos con este pilar, nos sumergimos en un enfoque sistemático y disciplinado hacia la transformación.

Este proceso se convierte en nuestro aliado constante, proporcionando una hoja de ruta clara en momentos de duda o desánimo. Además, al compartir este proceso con otros que comparten nuestra visión, creamos una comunidad de apoyo mutuo que fortalece nuestra determinación.

En resumen, el pilar del proceso comprobado es la columna vertebral de nuestra travesía. Nos brinda la confianza para avanzar, la sabiduría de aquellos que nos precedieron y la flexibilidad para adaptarnos a medida que evolucionamos. Con cada paso que tomamos en este camino comprobado, nos acercamos un paso más a la transformación duradera que buscamos. ¡Continuemos avanzando con convicción y determinación!

Desbloqueando el Éxito a través de Mentores: Inspírate en estas grandes historias.

En el tejido de la historia, descubrimos que detrás de muchos triunfos extraordinarios y transformaciones personales se encuentran mentores sabios que han guiado a sus pupilos hacia nuevas alturas. Permíteme llevarte a través de algunas historias fascinantes logros que ilustran la importancia de contar con un mentor en el camino hacia el éxito comprobado.

1. Aristóteles y Alejandro Magno: El Poder de la orientación personal

En la antigua Grecia, el filósofo Aristóteles asumió el papel de mentor para un joven ambicioso llamado Alejandro Magno. Bajo la tutela de Aristóteles, Alejandro no solo adquirió conocimientos filosóficos, sino que también desarrolló una perspicacia estratégica que lo llevaría a conquistar vastos territorios. La guía personalizada de Aristóteles sembró las semillas del imperio de Alejandro, demostrando que un mentor puede ser la llave para desbloquear el potencial ilimitado de un individuo.

2. Benjamín Graham y Warren Buffett: Los cimientos de la riqueza duradera

En el mundo de las finanzas, la historia nos brinda otro ejemplo convincente de mentoría efectiva. Benjamín Graham, un destacado inversor y profesor, se convirtió en el mentor de Warren Buffett. Bajo la tutoría de Graham, Buffett adquirió principios sólidos de inversión que lo llevaron a convertirse en uno de los hombres más ricos del mundo. La conexión entre mentor y aprendiz en este caso demostró ser la base de una riqueza duradera y sostenible.

3. Jim Rohn y Tony Robbins: La chispa del desarrollo personal

El renombrado orador motivacional Jim Rohn desempeñó un papel fundamental en la vida de Tony Robbins. Robbins, ahora un gigante del desarrollo personal, encontró en Rohn no solo un mentor, sino un guía comprensivo que lo inspiró a alcanzar nuevas alturas.

La sabiduría compartida por Rohn sirvió como catalizador para el crecimiento de Robbins, demostrando que una conexión profunda con un mentor puede encender la chispa del desarrollo personal y el éxito.

Estas historias de la vida real de épocas antiguas hasta nuestros tiempos ilustran cómo la mentoría puede transformar vidas y dar forma a destinos. En nuestro propio viaje hacia el éxito comprobado, buscar y cultivar una relación con un mentor puede marcar la diferencia entre el estancamiento y el avance hacia logros extraordinarios.

Así como estos grandes personajes se elevaron con la guía de sus mentores, usted también puede desbloquear su potencial al buscar la sabiduría de aquellos que han recorrido el camino antes que usted. ¡Que estas historias inspiren nuestro compromiso con la mentoría y nos impulsen hacia la grandeza que buscamos!

El Arte de Encontrar un Mentor: Un mapa para el éxito personal

En el vasto terreno del crecimiento personal y profesional, la búsqueda de un mentor puede ser el catalizador que impulse a una persona común hacia lo extraordinario. A continuación, te presento un mapa para encontrar una mentoría, sin importar el camino que elijas recorrer.

1. Abogado en ascenso:

- **Redes profesionales:** Únete a asociaciones legales, asiste a eventos del sector y conecta con abogados experimentados. La mayoría de las veces, la mentoría surge de conexiones dentro de la profesión.
- **Plataformas en línea:** Explora plataformas especializadas donde profesionales comparten conocimientos y experiencias. Podrías encontrar a alguien dispuesto a ser tu mentor.

2. Panadero apasionado:

- **Cursos y talleres:** Participa en cursos de panadería y eventos de la industria. Estos lugares son ideales para conocer a panaderos experimentados que podrían estar dispuestos a compartir su sabiduría.
- **Redes locales:** Únete a grupos locales de negocios y

comunidades de panaderos. La mentoría a menudo florece en entornos donde los apasionados comparten intereses.

3. Aspirante a deportista olímpico:

- **Club deportivo:** Forma parte de un club deportivo local. Allí, puedes encontrar atletas más experimentados que podrían estar dispuestos a orientarte y compartir sus experiencias.
- **Entrenadores profesionales:** Busca entrenadores deportivos que también puedan desempeñar el papel de mentores. Su experiencia puede ir más allá del campo de juego.
-

4. Empresario emergente:

- **Eventos empresariales:** Asiste a conferencias y eventos empresariales donde puedes establecer contactos con empresarios exitosos. Muchos líderes empresariales disfrutan de compartir su conocimiento.
- **Incubadoras y aceleradoras:** Únete a programas de incubación empresarial. Estos entornos suelen facilitar la conexión con mentores empresariales experimentados.

5. Emprendedor digital:

- **Comunidades en línea:** Participa en foros y comunidades en línea relacionadas con el marketing digital y emprendimiento en Internet. Podrías encontrar mentores dispuestos a compartir estrategias efectivas.

- **Cursos en línea:** Algunos emprendedores exitosos ofrecen cursos en línea. Participar en estos cursos no solo te brinda conocimientos prácticos sino también acceso directo a sus perspectivas. conecten con profesionales exitosos en tu campo de interés.

6. Persona en búsqueda de pérdida de peso:

- **Grupos de apoyo:** Únete a grupos locales o en línea centrados en la pérdida de peso. Aquí, las personas comparten sus experiencias y podrías encontrar a alguien que te inspire y guíe.
- **Profesionales de la salud:** Consulta con profesionales de la salud, como nutricionistas o entrenadores personales, que no solo pueden proporcionar orientación además que sugieren a mentores adecuados, Pero siempre asegúrate que prediquen con el ejemplo; no puede ser coherente que estés recibiendo consejos de una nutricionista con problemas de obesidad explicándote y dándote dietas de como bajar de peso mientras ella no lo ha logrado.

7. Persona en recuperación de adicciones:

- **Grupos de apoyo y rehabilitación:** Participa en grupos de apoyo y programas de rehabilitación. La mentoría a menudo se construye en un entorno de comprensión y recuperación.
- **Conexiones Terapéuticas:** Los profesionales de la salud mental y consejeros pueden también actuar como mentores fundamentales en el proceso de recuperación.

8. Buscador del Amor:

- **Coaching de relaciones:** Busca coaching de relaciones o expertos en citas que puedan ofrecer orientación personalizada. La mentoría en este contexto puede proporcionar claridad y perspectivas valiosas.
- **Eventos sociales:** Asiste a eventos sociales y de networking. La conexión personal puede ser el primer paso hacia una mentoría en el ámbito romántico.

En cada uno de estos casos, la clave es la proactividad. No esperes a que un mentor aparezca; busca activamente oportunidades, establece conexiones y demuestra tu compromiso. La mentoría puede ser el combustible que impulse tu viaje desde lo ordinario hacia lo extraordinario. ¡Ahora; ve y hazlo, solo de ti depende que suceda!

Pilar Número Tres:

Consejería o Mentoría Coherente

Imagina enfrentar un desafío monumental sin la guía de alguien que ya ha atravesado terreno similar. Aquí, en el tercer pilar crucial, nos sumergimos en la importancia de contar con un mentor o consejero coherente para iluminar el camino hacia la transformación duradera.

El Poder de la Orientación Personal:

En la travesía hacia la autotransformación, tener un guía confiable marca la diferencia entre tropezar a ciegas y avanzar con determinación. La consejería o mentoría coherente se convierte en el faro que ilumina el camino, ofreciendo sabiduría acumulada y una perspectiva que sólo puede provenir de la experiencia personal.

Desafiando la Desconexión:

La coherencia en la mentoría es crucial. Imagina recibir orientación de alguien cuyas acciones no respaldan sus palabras, o de alguien que no ha experimentado el cambio que intenta facilitar. La falta de coherencia puede generar desconfianza y socavar la efectividad del proceso de transformación.

Aprendizaje de los Maestros:

Observemos ejemplos históricos de mentores que dejaron una huella duradera. Considera a Sócrates, el maestro de Platón, quien no solo transmitió conocimientos, sino que encarnó las virtudes filosóficas que enseñaba. La conexión directa entre la vida del mentor y sus lecciones crea un puente de comprensión y confianza.

Jim Rohn y Tony Robbins: Un Vínculo Coherente:

En el contexto moderno, volvamos a la conexión entre Jim Rohn y Tony Robbins. La influencia transformadora de Rohn no solo se derivó de sus palabras, sino de su vida coherente con los principios que enseñaba. Robbins, al recibir mentoría de Rohn, experimentó directamente el impacto de una guía coherente que trascendió las palabras.

El Papel del Mentor en la Identidad:

Un mentor no solo comparte conocimientos prácticos; también influye en la identidad del aprendiz. La coherencia del mentor modela no sólo lo que se hace, sino quién se llega a ser en el proceso. Este aspecto es esencial para que la identidad del aprendiz se alinee con el cambio deseado.

La Importancia de la Relación Personal:
La consejería o mentoría coherente no es solo un intercambio de información; es una relación personal significativa. La conexión genuina entre mentor y aprendiz va más allá de la mera instrucción; implica comprensión, empatía y un compromiso mutuo con el crecimiento.

Encontrando Tu Mentor:
Para aquellos que aspiran a la transformación personal, encontrar un mentor coherente puede parecer una tarea desalentadora. Sin embargo, el proceso comienza con la identificación de individuos que encarnan los resultados que buscas. Pretende a aquellos que han caminado el sendero que deseas recorrer y cuyas experiencias pueden iluminar tu propio viaje.

Adaptando la Mentoría a Tu Realidad:
Una mentoría coherente no implica imitar a tu mentor, sino aprender de sus experiencias y adaptar esas lecciones a tu propia realidad. Busca comprender los principios fundamentales y cómo se aplican a tu vida única.

La Coherencia como Fundamento:
En resumen, el tercer pilar, la consejería o mentoría coherente, establece un fundamento sólido para la transformación. Al elegir a un mentor que no solo comparte sabiduría, sino que también vive de acuerdo con ella, te embarcas en un viaje de crecimiento auténtico y duradero. La conexión personal y la coherencia del mentor se convierten en faros que te guían hacia el cambio deseado.

Cómo Identificar un Mentor Coherente:

1. Historial demostrado:

- Procura hallar un mentor con un historial demostrado en el área específica de tu interés. Examina sus logros y asegúrate de que su éxito esté respaldado por acciones coherentes a lo largo del tiempo.

  Un deportista podría buscar a un mentor que no solo haya alcanzado cimas físicas en su disciplina, también que haya cultivado una mentalidad resiliente y estratégica. La coherencia en la preparación, la competencia y la recuperación se convierte en un modelo vital.

2. Testimonios y Recomendaciones:

- Investiga testimonios y recomendaciones de personas que han sido instruidas por esta figura. La consistencia en las experiencias positivas respalda la coherencia del mentor.

  En el mundo empresarial, encontrar un mentor coherente puede significar buscar a alguien que haya construido un imperio desde cero, manteniendo valores éticos y una visión a largo plazo. La lección no solo está en los logros financieros, sino en la coherencia ética que ha llevado a esos logros.

3. Integridad y Ética:

- Evalúa la integridad y ética del mentor. La coherencia no solo se trata de resultados tangibles, sino de cómo se logran y se mantienen en el tiempo.

  Un abogado que aspira a la excelencia podría buscar a alguien que haya destacado en su campo y que, además de tener conocimientos legales sólidos, personifique la integridad y la ética profesional. La coherencia del mentor en su vida y práctica legal puede ser un faro guía.

4. Alineación de Valores:

- Asegúrate de que los valores del mentor se alineen con los tuyos. La coherencia entre los principios fundamentales y la vida cotidiana es esencial para una mentoría efectiva.

  Individuos que desean transformarse personalmente, ya sea perdiendo peso, superando adicciones o encontrando una pareja ideal, pueden beneficiarse al buscar mentores que hayan recorrido caminos similares. La coherencia en la transformación personal se convierte en una fuente de inspiración y orientación.

Conclusiones transformadoras:

Al abrazar la consejería o mentoría coherente, no solo te embarcas en un viaje de aprendizaje práctico, así mismo te sumerges en una relación significativa que trasciende la mera instrucción. La coherencia del mentor se convierte en un faro que guía la transformación personal y profesional, proporcionando una brújula confiable en la travesía hacia el éxito.

Pilar Número 4

Comunidad de Soporte

El cuarto pilar, la comunidad de soporte, es un componente esencial en la búsqueda del éxito duradero. Al sumergirnos en este concepto, explicaremos cómo una comunidad sólida puede ser el catalizador que impulsa a las personas hacia sus metas y aspiraciones en diversas áreas de la vida.

La Redención a Través del Apoyo Mutuo: La verdadera esencia de una comunidad de soporte

En el tejido de la existencia, donde los desafíos son vastos y los caminos hacia el éxito parecen interminables, surge la vitalidad de una comunidad de soporte. Más que un simple conjunto de individuos, es un santuario de apoyo mutuo y crecimiento colectivo. Permíteme llevarte a través de historias reales, donde la magia de estas comunidades ha transformado vidas.

En el libro "Piense y Hágase Rico" de Napoleón Hill, se teje la narrativa de individuos que, a través de una colaboración armónica, ascendieron desde la oscuridad hacia la prominencia. Hill no sólo exaltó la importancia del pensamiento positivo, sino también el poder de la comunidad de soporte. Al relatar historias de magnates exitosos, resaltó cómo muchos de ellos encontraron consuelo y orientación en círculos de confianza.

Tomemos el caso de Jane, una mujer común con el sueño de perder peso y mejorar su salud. En su búsqueda por cambiar su estilo de vida, se unió a una comunidad en línea dedicada al bienestar. Aquí, compartió sus metas, sus tropiezos y sus pequeñas victorias. La comunidad no sólo le proporcionó recursos y consejos prácticos, también se convirtió en un faro de positividad cuando la motivación flaqueaba. Jane no solo perdió peso, sino que se empoderó de una manera que nunca imaginó.

La esencia de una comunidad de soporte radica en la intersección de los caminos individuales. Es un lugar donde las luchas personales se entrelazan con las victorias colectivas. Ya sea en el mundo de los negocios, la salud, las relaciones o el desarrollo personal, estas comunidades actúan como catalizadores que transforman desafíos aparentemente insuperables en escalones hacia el éxito.

En el viaje hacia el logro personal, recuerda que no estás solo. Hay una comunidad dispuesta con los brazos abiertos, celebrar contigo tus éxitos y sostenerte durante las tormentas. Tal como los grandes autores nos enseñan, la verdadera grandeza se encuentra no sólo en alcanzar el éxito individual, además en elevar a aquellos que te rodean.

En la sinfonía de la vida, una comunidad de soporte es la armonía que transforma melodías individuales en una obra maestra colectiva.

La "Comunidad de Soporte", emerge como el cimiento sólido sobre el cual edificamos nuestras aspiraciones de cambio. Para comprender la magnitud de su impacto, retrocedamos un poco y miremos cómo esta fuerza colaborativa se entrelaza con las historias de aquellos que se aventuraron a descubrir su otro yo.

Retomemos la historia de Cristian, un individuo valiente que, durante años, ha estado luchando contra hábitos destructivos. Aunque ha intentado cambiar en numerosas ocasiones, ha caído en patrones familiares que parecen imposibles de romper. Aquí es donde la comunidad de soporte entra en juego como un faro guía.

Cristian, al unirse a una comunidad de individuos con experiencias similares, descubre un espacio seguro donde no está solo en su viaje. A través de la empatía y la comprensión mutua, la carga que ha llevado durante tanto tiempo comienza a aligerarse. Compartir historias, éxitos y desafíos con otros miembros de la comunidad proporciona seguridad hacia una perspectiva única y la certeza de que el cambio es posible.

Pero la comunidad no solo ofrece apoyo emocional; también brinda estructura y rendición de cuentas. Cuando Cristian comparte sus metas con la comunidad, se convierte en responsable no solo ante sí mismo, sino ante un grupo que genuinamente desea su éxito. Este factor de responsabilidad se convierte en un poderoso motor de transformación, impulsándolo a superar obstáculos que antes parecían insuperables.

Extendamos ahora la mirada hacia Jazmín, la mujer que parece atraer constantemente relaciones tóxicas. Aunque ha intentado cambiar su patrón, se ha encontrado atrapada en una rueda de elecciones repetitivas. La comunidad de soporte se convierte en su bote salvavidas.

Jazmín, al conectarse con otros que han enfrentado y superado desafíos similares en el amor, descubre nuevas perspectivas y estrategias. La comunidad se convierte en un laboratorio social donde, a través de la retroalimentación y el aprendizaje compartido, Jazmín redefine su enfoque hacia las relaciones. La comunidad de soporte no solo la alienta a mirar más allá de su historia pasada, de igual manera le proporciona herramientas prácticas para cambiar su narrativa futura.

La importancia de la comunidad de soporte radica en su capacidad para romper la sensación de aislamiento. En una sociedad que a menudo celebra el individualismo, descubrir que no estás solo en tus desafíos y aspiraciones crea un vínculo poderoso. Esta conexión humana nutre el espíritu y proporciona la validación que a menudo buscamos en nuestro viaje de autodescubrimiento.

Un ejemplo resonante de esta dinámica en un giro de 360 grados podría ser la historia de Ángela, quien, decidida a perder peso y adoptar un estilo de vida más saludable, se une a una comunidad en línea de entusiastas del fitness. A través de esta red, Ángela no solo encuentra motivación diaria, sino que también obtiene asesoramiento práctico sobre ejercicios y nutrición.

La comunidad se convierte en su refugio virtual, donde las victorias se celebran colectivamente y los desafíos se enfrentan en conjunto. Este ecosistema de apoyo transforma la pérdida de peso de Ángela de un objetivo individual a un esfuerzo comunitario. La red no solo la empodera para cambiar sus hábitos, igualmente la ayuda a construir una identidad más saludable.

La comunidad de soporte, entonces, no es simplemente un conjunto de individuos reunidos; es un campo de energía compartida donde las historias convergen y se entrelazan. Es el lugar donde las victorias individuales se magnifican y los obstáculos se vuelven más manejables. Como una sinfonía de corazones que laten al unísono, la comunidad de soporte impulsa a cada miembro hacia adelante en su búsqueda de descubrir su otro yo.

Cada intercambio en la comunidad se convierte en una pincelada en el lienzo de la transformación. Al compartir nuestras experiencias y aprender de los demás, tejemos una red de apoyo que va más allá de lo superficial. No se trata solo de recibir, sino también de dar; contribuir al crecimiento de los demás fortalece nuestra propia travesía.

Así que, querido lector, considera la comunidad de soporte como tu aliada incondicional en este viaje hacia la transformación personal.
Encontrar o construir un espacio donde tus metas y desafíos sean comprendidos y abrazados puede marcar la diferencia entre una transformación efímera y un cambio duradero. Juntos, en comunidad, trascendemos las limitaciones individuales, abrimos las puertas a la posibilidad ilimitada de descubrir y transformar nuestro otro yo.

Cómo Construir y Beneficiarse de una Comunidad de Soporte:

1. Identificación de comunidades relevantes:
- Encuentra comunidades que se alineen con tus objetivos. Ya sea en línea o en tu entorno local, busca grupos donde los miembros compartan

aspiraciones y desafíos similares.

2. Participación activa:
- La participación activa es clave. Contribuir con tus experiencias, conocimientos y apoyo a otros miembros fortalece la dinámica de la comunidad y crea un ambiente de reciprocidad.

3. Celebración de logros compartidos:
- Celebra los éxitos, tanto pequeños como grandes. El reconocimiento mutuo refuerza el compromiso y motiva a la comunidad a alcanzar metas más ambiciosas.

4. Aprendizaje continuo:
- Fomenta un ambiente de aprendizaje continuo. Comparte tus conocimientos y busca la sabiduría de otros. La comunidad se convierte en una fuente inagotable de crecimiento personal y profesional.

La Comunidad Como Pilar Fundamental:

En conclusión, la comunidad de soporte no es solo un adorno en el camino hacia el éxito, sino un pilar fundamental. Al unirse con otros en una búsqueda compartida, las personas no solo encuentran apoyo práctico, sino también la inspiración necesaria para perseverar durante los momentos difíciles. La comunidad se convierte en el tejido que sostiene los sueños individuales y los eleva hacia la realización.

Pilar Número 5

Práctica la **Persistencia** y la **Paciencia**

La práctica constante de la persistencia y la paciencia se erige como el quinto pilar esencial para fortalecer valores, intrínsecamente ligados, actúan como cimientos sólidos que sostienen la estructura de cambio y desarrollo para consolidar la transformación personal. Veamos en qué consiste y por qué son vitales para el logro de objetivos transformadores:

Persistencia: La Fuerza que vence la resistencia

La persistencia es la fuerza que impulsa la continuidad de tus esfuerzos, incluso en las circunstancias más desafiantes. Es la decisión firme de seguir adelante, de mantener el rumbo cuando las tormentas amenazan con desviarte.

La persistencia te ayuda a superar los fracasos momentáneos, a aprender de las adversidades y a encontrar nuevas estrategias cuando las antiguas no dan frutos. Se trata de mantener viva la llama de tus metas incluso cuando el camino se torna oscuro, confiando en que cada paso te acerca un poco más a la cima.

En la práctica de la persistencia, encontrarás una determinación inquebrantable que te permite levantarte cada vez que caes. Es la mentalidad que reconoce que el éxito no siempre es instantáneo, pero cada esfuerzo acumulado te coloca más cerca de la transformación que buscas. La persistencia es la antorcha que ilumina el sendero hacia tu verdadero yo, guiándote a través de las noches oscuras de duda y desánimo. En el viaje de transformación personal, la persistencia se manifiesta de varias maneras cruciales:

1. Resistencia ante la Desmotivación:

- La persistencia permite superar momentos de desmotivación. En el proceso de cambio, es natural enfrentarse a momentos difíciles donde los resultados no son inmediatos. Aquí, la persistencia actúa como un escudo contra la tentación de abandonar ante la falta de resultados instantáneos.

2. Adaptabilidad ante los Contratiempos:

- La vida está llena de giros inesperados. La persistencia capacita para adaptarse y ajustarse ante los contratiempos. En lugar de rendirse cuando las cosas no salen según lo planeado, una persona persistente busca soluciones creativas y continúa avanzando.

3. Superación de Fracasos Temporales:

- El camino hacia la transformación personal no está exento de fracasos temporales. Aquí, la persistencia es la fuerza que impulsa a levantarse después de cada caída. Aprender de los fracasos y seguir adelante es esencial para la evolución personal.

Paciencia: El arte de respetar el tiempo

La paciencia, por otro lado, es el arte de esperar y confiar en el proceso. Consiste en entender que los cambios significativos llevan tiempo y que el crecimiento personal es un viaje gradual y que cada paso cuenta, sin importar cuán pequeño sea. La paciencia te permite aceptar que los cambios significativos requieren tiempo, y que el proceso de convertirte en tu mejor versión no es una carrera, sino un compromiso sostenido a lo largo del tiempo.

En la práctica de la paciencia, encuentras la serenidad para enfrentar los tiempos de estancamiento sin perder de vista tus metas. Es la sabiduría de entender que las semillas que siembras hoy pueden tardar en germinar, pero, con paciencia, permites que el tiempo trabaje a tu favor. La paciencia es el hilo invisible que teje cada experiencia en el tapiz de tu crecimiento personal, revelando la obra maestra completa con el tiempo y la dedicación continua.

La paciencia desempeña un papel crucial en la transformación personal de diversas maneras:

1. **Respeto por el Proceso de Aprendizaje:**
   - Cada fase de transformación implica un aprendizaje continuo. La paciencia permite respetar este proceso, reconociendo que cada lección y experiencia contribuye al desarrollo personal.

2. **Consolidación de Hábitos Duraderos:**
   - La transformación personal implica la formación de hábitos duraderos. La paciencia es esencial para consolidar estos nuevos comportamientos, entendiendo que la consistencia a lo largo del tiempo es clave para su arraigo.

3. **Crecimiento Gradual y Sostenible:**
   - La paciencia abraza el concepto de crecimiento

gradual y sostenible. Aceptar que la evolución personal es un proceso continuo, y no un evento puntual, permite construir bases sólidas para un cambio perdurable.

La Sinfonía de Persistencia y Paciencia: Un dúo inquebrantable

En conjunto, la persistencia y la paciencia forman una sinfonía que impulsa a las personas a través de las altas y bajas del viaje transformador. La persistencia ofrece la fuerza para avanzar, mientras que la paciencia brinda la sabiduría para apreciar el tiempo necesario para el florecimiento personal. Este dúo inquebrantable es esencial para esculpir un nuevo yo, asegurando que el cambio sea no sólo alcanzable, sino también sostenible a lo largo del tiempo. Con paciencia y persistencia, los obstáculos se vuelven trampolines y los sueños, realidades.

Ejemplos de Persistencia Extraordinaria en la Historia: Forjando el Éxito a Través de la Adversidad

Isaac Newton: Iluminando el mundo con la persistencia

Isaac Newton, un gigante en la historia de la ciencia, no solo nos dejó con las leyes del movimiento y la ley de la gravitación universal, de igual modo con un testimonio impresionante de persistencia. Antes de encontrar la solución para iluminar nuestras vidas con la luz eléctrica, Thomas Edison, el prolífico inventor, enfrentó más de 1000 intentos fallidos. En lugar de sucumbir al desánimo, cada fracaso le acercaba un paso más a la realización de su visión. Este acto de persistencia culminó con la invención de la bombilla, una luz que literalmente iluminó el mundo y transformó la manera en que vivimos hoy.

Henry Ford: Rompiendo barreras con paciencia y perseverancia

Henry Ford, el pionero de la industria automotriz, enfrentó escepticismo y resistencia cuando se propuso diseñar un motor de automóvil con ocho cilindros. Muchos consideraron que era una tarea imposible. Pero, inmutable en su visión, Ford persistió. Después de más de un año de arduo trabajo y experimentación, sus ingenieros lograron el milagro: el primer motor de ocho cilindros que transformó la industria del automóvil. La paciencia y la persistencia de Ford no solo rompieron las barreras técnicas, sino que también redefinieron las posibilidades en el mundo del motor.

Walt Disney: Convirtiendo sus sueños en realidad con resiliencia

Walt Disney, el maestro de la animación y creador del icónico Mickey Mouse, enfrentó numerosos rechazos y fracasos antes de alcanzar la grandeza. Su primera empresa, Laugh-O-Gram Studio, se declaró en quiebra. Pero Disney no dejó que el fracaso definiera su narrativa. Con persistencia, fundó los estudios Disney, que eventualmente se convertirían en la fuerza creativa detrás de innumerables personajes amados y películas icónicas. Disney demostró que la persistencia, aliada con la visión, puede convertir sueños aparentemente inalcanzables en realidades brillantes.

Coronel Sanders: Sazonando el éxito con paciencia

El coronel Sanders, el rostro detrás de Kentucky Fried Chicken (KFC), es un ejemplo de cómo la paciencia puede convertir una receta secreta en una sensación global. Sanders, en su avanzada edad, enfrentó múltiples rechazos antes de encontrar un socio dispuesto a llevar su pollo frito al mundo. Su paciencia y perseverancia le llevaron a crear una de las cadenas de comida rápida más exitosas y reconocibles en la historia.

Estos son solo algunos ejemplos de cómo la persistencia y la paciencia han sido las fuerzas impulsoras detrás de algunos de los éxitos más extraordinarios en la historia. Cada uno de estos visionarios enfrentó adversidades aparentemente insuperables, pero su determinación inquebrantable les permitió transformar desafíos en triunfos.

Aquí se detallan cinco dimensiones cruciales que este pilar aporta al proceso de descubrimiento y transformación:

1. Resiliencia ante desafíos:

- La persistencia y la paciencia son los cimientos de la resiliencia. Enfrentar obstáculos y contratiempos es inevitable en el viaje de transformación. Este pilar fomenta la resistencia mental y emocional, permitiendo que los contratiempos se conviertan en trampolines para el crecimiento en lugar de barreras insuperables.

2. Crecimiento a Largo Plazo:

- La transformación genuina lleva tiempo. Este pilar destaca la importancia de mantener una visión a largo plazo, reconociendo que los cambios significativos requieren una inversión constante. La práctica sostenida de la persistencia y la paciencia es esencial para cosechar los frutos de un desarrollo personal duradero.

3. Aprendizaje Continuo:

- La paciencia nutre un enfoque de aprendizaje continuo, reconociendo que cada paso, incluso los aparentemente pequeños, contribuye al progreso general. La persistencia impulsa la acción constante, mientras que la paciencia sostiene el proceso de absorción y aplicación de nuevos conocimientos a lo largo del tiempo.

4. Adaptabilidad ante Cambios:

- La vida está llena de cambios inesperados. Practicar la persistencia y la paciencia no solo implica seguir avanzando hacia metas predefinidas, también adaptarse y ajustarse a las circunstancias cambiantes. Este pilar fomenta una actitud flexible y abierta a la evolución constante.

5. Celebración de Pequeños Logros:

- La paciencia permite apreciar y celebrar los

pequeños logros en el camino. Cada paso, por más modesto que sea, merece reconocimiento. La persistencia impulsa a seguir adelante, mientras que la paciencia permite saborear y valorar cada avance, generando motivación para el próximo desafío.

Al integrar la práctica de la persistencia y la paciencia como el quinto pilar, se establece una base sólida que complementa y fortalece los aspectos fundamentales de la transformación personal. Este enfoque equilibrado reconoce la importancia de la constancia y la paciencia en el viaje hacia el descubrimiento y la materialización de mi otro yo.

Forjando tu Propio Destino a Través de los Cinco Pilares de la Transformación Personal

En el viaje de la transformación personal, nos hemos sumergido en los fundamentos esenciales, los cinco pilares que sostienen la estructura de tu capacidad para cambiar y evolucionar. Cada uno de estos pilares representa un componente crucial en el proceso de descubrimiento y construcción de tu otro yo, esa versión mejorada y empoderada que yace en tu interior, esperando emerger.

Un Nuevo Paradigma y Sentido de Identidad:

Todo comienza con la forma en que te ves a ti mismo. Rompe las cadenas del pasado, deshazte de las limitaciones autoimpuestas y abraza un nuevo paradigma. Visualiza a la persona que aspiras a ser y afirma esa identidad con cada pensamiento, acción y emoción.

Un Proceso Comprobado: No navegamos por aguas desconocidas. Contamos con un mapa, un proceso comprobado que ha resistido la prueba del tiempo y ha guiado a innumerables individuos hacia la transformación. Sigue el camino trazado, confía en el proceso y observa cómo se manifiestan los cambios duraderos en tu vida.

Consejería o Mentoría Coherente: En el tapiz de tu transformación, la guía de un mentor coherente es como una brújula que te orienta en la dirección correcta. Aprende de aquellos que han recorrido el camino antes que tú, absorbe su sabiduría y permíteles iluminar tu camino hacia el éxito.

Comunidad de Soporte: La soledad no tiene cabida en la travesía de transformación. Una comunidad de apoyo te rodea, comparte tus metas y celebra tus victorias. En momentos de desafío, esta red de almas afines será tu ancla, proporcionando el apoyo y la inspiración necesarios para superar cualquier tormenta.

Práctica la Persistencia y la Paciencia: La transformación no es un sprint, sino una maratón. Cultiva la resistencia para persistir cuando los desafíos se interponen en tu camino. La paciencia es el hilo conductor que teje cada esfuerzo en el tapiz de tu éxito. A través de la persistencia y la paciencia, cada paso, por pequeño que sea, te acerca un paso más a tu mejor versión.

En este capítulo de tu odisea personal, hemos explorado estos cinco pilares con la esperanza de infundir en ti una creencia inquebrantable en tu capacidad para transformarte. Estás armado con el conocimiento de que puedes moldear tu identidad, seguir un camino probado, buscar orientación de aquellos que han triunfado antes, encontrar apoyo en una comunidad solidaria y, sobre todo, practicar la paciencia y la persistencia.

Tú eres el arquitecto de tu propio destino, el escultor de tu otro yo. Con estos cinco pilares como cimiento, no hay límite para lo que puedes lograr. Así que, avanza con confianza, abraza la oportunidad de crecer y conviértete en la fuerza imparable que lleva a cabo la transformación personal. La historia que estás escribiendo es la epopeya de tu propia evolución, y cada capítulo está lleno de posibilidades infinitas. ¡Adelante, forja tu destino y sé el héroe de tu propia narrativa de transformación!

CAPITULO 3

DE LA TEORÍA A LA PRÁCTICA EL CAMINO HACIA LA TRANSFORMACIÓN PERSONAL

En el inicio de este libro" Descubriendo a mi otro Yo ", nos sumergimos en los 5 pilares fundamentales de la transformación personal para lograr un cambio duradero en el tiempo. En el siguiente capítulo nos enfocaremos en la esencia del cambio personal y la transformación.

Se plantea la pregunta fundamental: ¿qué impulsa nuestra necesidad de cambiar y evolucionar? Aquí, se destaca la importancia de la autorreflexión y se invita al lector a explorar su propia motivación para emprender este viaje.

Se abordan temas emocionales y psicológicos que a menudo desencadenan el deseo de transformación, como el descontento, la búsqueda de significado y la aspiración a una vida más plena. La sección culmina en la presentación del objetivo principal del libro: proporcionar una guía paso a paso para que el lector construya un nuevo yo y logre sus metas más desafiantes.

En este capítulo, se hace una invitación apasionada a la transformación personal. Se destaca que este viaje no es solo un proceso de cambio externo, sino una redefinición interna que afectará todos los aspectos de la vida del lector que está dispuesto a hacer el cambio. Se exploran los beneficios tangibles e intangibles de embarcarse en este viaje y se enfatiza que la transformación no solo es posible, sino alcanzable.

Se comparten historias breves de individuos que han experimentado cambios significativos al seguir el enfoque propuesto en el libro. Estos relatos sirven como inspiración inicial, estableciendo la base para que el lector se conecte emocionalmente con la idea de cambio y crecimiento personal. La invitación culmina con la promesa de un proceso estructurado y efectivo que guiará al lector desde el punto A (su situación actual) hasta el punto B (la versión transformada de sí mismo).

Fijar un Norte: Nuestra Transformación

En esta sección, nos adentraremos en la importancia de establecer un objetivo claro y definido como punto de referencia para nuestra transformación personal. Fijar un norte no solo proporciona dirección, sino que también sirve como motivación constante durante el proceso de cambio.

Punto A: Definir el Destino

En este primer paso, es crucial fijar un destino claro hacia dónde dirigir nuestra transformación. Aquí, la claridad es la clave, y se trata de responder a preguntas fundamentales que iluminarán el camino como: ¿Cuáles son tus sueños más desafiantes? ¿Qué te inspira y motiva profundamente? Se trata de identificar no solo metas tangibles, sino también el tipo de persona que deseas convertirte en el proceso.

1. **Identifica tus Sueños Más Desafiantes:** Enumera con valentía tus sueños y los objetivos que consideras desafiantes, pero significativos y esenciales para tu realización personal. Esto podría incluir metas profesionales, personales, relaciones significativas, o contribuciones a la sociedad. ¿Qué logros te parecen actualmente fuera de tu alcance, pero significativos?

2. **Visualiza el Éxito:** Cierra los ojos e imagina cómo sería alcanzar estos sueños. Siente las emociones asociadas con el éxito, describe ¿Cómo se siente el logro? este ejercicio no solo clarifica metas, sino que también conecta emocionalmente con ellas.

Punto B: Diseñar al Ser Deseado

Una vez que se tiene claro el destino, es hora de diseñar conscientemente el tipo de persona que puedes y quieres llegar a ser. Aquí, la transformación no es solo externa; se trata de cultivar rasgos internos que nos impulsarán hacia el éxito:

1. **Define tus valores principales:** Establece los principios fundamentales y los cimientos éticos que guiarán tus decisiones y acciones en el camino hacia el éxito. ¿Cuáles son los valores que consideras inquebrantables en tu viaje hacia la transformación?

2. **Identifica habilidades clave:** Enumera las habilidades necesarias y esenciales para alcanzar tus sueños. ¿Qué habilidades, tanto prácticas como emocionales, necesitarás desarrollar para lograr tus metas? Este puede incluir habilidades profesionales, habilidades de comunicación, habilidades emocionales, entre otras...

3. **Visualiza tu mejor versión:** Cierra los ojos nuevamente pinta y visualiza un retracto de tu mejor versión ¿cómo sería tu mejor versión? Observa cómo te comportarías, cómo hablarías, y cómo te relacionarías con los demás.

Punto C: Métodos de Expertos para Reprogramación
La transformación personal no se trata solo de deseo; requiere técnicas y métodos probados. Aquí, nos enfocaremos en la reprogramación mental y emocional, aprovechando la sabiduría de expertos en el campo.

1. **Estudio de casos exitosos:** Investiga y estudia historias de transformación personal exitosa

2. **Analiza cómo individuos han superado obstáculos** y aplicados cambios significativos en sus vidas.

3. **Adopción de hábitos poderosos:** Identifica hábitos y rutinas que fortalezcan la mente y las emociones. ¿Qué prácticas cotidianas pueden contribuir a tu bienestar emocional y a una mentalidad positiva? Estos podrían incluir prácticas de meditación, afirmaciones positivas, o técnicas de visualización.

Diseñar al Ser Deseado

La transformación no se trata solo de metas externas, sino de cultivar características internas que nos impulsen hacia el éxito. En el vasto lienzo de nuestras vidas, la obra maestra que se está creando no es solo el resultado de circunstancias externas, sino una expresión intrincada de quiénes somos, quiénes aspiramos ser y en que deseamos convertirnos, entendiendo que la verdadera transformación comienza desde adentro.

El Arte de la Autoexploración: Navegando las profundidades de quiénes somos

En la travesía de diseñar al ser deseado, la autoexploración se convierte en el faro que ilumina las partes más profundas de nuestra identidad. Este proceso, más que una mera introspección, se presenta como una búsqueda apasionante y valiente que nos conduce hacia la autenticidad y la comprensión completa de nosotros mismos.

1. **Exploración de Valores Fundamentales:** Comenzamos desentrañando los cimientos de nuestra existencia: nuestros valores fundamentales. Estos son los principios rectores que influyen en nuestras decisiones y dan forma a nuestra perspectiva del mundo. Al identificar y priorizar estos valores, creamos un mapa de navegación ético que nos guiará en la toma de decisiones coherentes con nuestra verdadera esencia.

2. **Adentrándose en las pasiones más profundas:** Las pasiones son la chispa que enciende el fuego interior. A través de ejercicios reflexivos y prácticos, exploramos esas actividades y áreas que nos provocan entusiasmo y satisfacción. Descubrir estas pasiones nos permite alinear nuestras metas

con aquello que realmente nos llena de alegría, proporcionando una base sólida para el diseño de nuestro ser deseado.

3. **Principios que definen nuestra identidad:** Cada uno de nosotros está moldeado por una serie de principios que constituyen nuestra identidad única. En este proceso de autoexploración, examinamos estos principios subyacentes, evaluando cómo han influido en nuestras elecciones pasadas y cómo podemos utilizarlos como palancas para alcanzar nuestras metas futuras. Este análisis profundo nos ayuda a comprendernos mejor y a crear coherencia entre nuestro ser actual y nuestro ser deseado.

4. **Reconocimiento de patrones de comportamiento:** El autoconocimiento implica ser conscientes de los patrones recurrentes en nuestro comportamiento. Identificamos tanto los hábitos que nos benefician como aquellos que nos limitan. Este reconocimiento nos permite abordar áreas de mejora con mayor claridad y adoptar estrategias específicas para potenciar nuestras fortalezas y superar obstáculos.

5. **Aceptación y transformación:** La autoexploración también abarca la aceptación compasiva de nuestras imperfecciones y limitaciones. Debemos aprender a abrazar

nuestras vulnerabilidades como parte integral de nuestra humanidad. Al hacerlo, creamos un terreno fértil para la transformación, permitiéndonos superar obstáculos con resiliencia y autenticidad.

6. **La conexión con nuestra esencia auténtica:** A través de la autoexploración, buscamos la esencia auténtica que yace en lo más profundo de nuestro ser. Este proceso nos invita a cuestionar las capas externas que hemos construido, revelando la autenticidad que define nuestra verdadera identidad. La conexión con esta esencia auténtica es crucial para diseñar un ser deseado alineado con nuestras verdaderas aspiraciones. El arte de la autoexploración es un viaje valiente hacia nuestro núcleo, una aventura que revela las capas más profundas de nuestra identidad y nos prepara para el proceso transformador de convertirnos en la mejor versión de nosotros mismos.

Otros aspectos importantes para Diseñar al Ser Deseado.

Identificación de fortalezas y áreas de mejora: Diseñar al ser deseado implica una mirada crítica pero compasiva hacia nosotros mismos. Identificaremos nuestras fortalezas únicas, esas cualidades que nos destacan y nos impulsan hacia el éxito. Al mismo tiempo, examinaremos nuestras debilidades, las áreas de mejora con una mentalidad de crecimiento, entendiendo que si comprendemos cuales son nuestras debilidades y las potencializamos podremos ser invencibles recuerda que cada desafío es una oportunidad para evolucionar.

Modelos a seguir: Ahora, exploraremos la influencia positiva de modelos a seguir, aprendiendo de aquellos que han alcanzado el tipo de éxito al que aspiramos. Analizaremos sus características, hábitos y mentalidades, extrayendo lecciones valiosas que aportaran a nuestro propio proceso de transformación. En el segundo capítulo hablamos de la importancia de un mentor que haya logrado los objetivos a seguir y que nos despeje el camino en el área específica donde queremos lograr el éxito tener varios modelos a seguir que se complementen es crucial para acelerar el proceso y obtener los resultados más rápidos.

La importancia de la autenticidad: Diseñar al ser deseado no significa conformarse con estereotipos externos; se trata de abrazar auténticamente lo que nos hace únicos y a abrazar tu singularidad como un activo poderoso en tu viaje de transformación.

Creación de un manifiesto personal: En este punto compartiré contigo en profundidad la importancia de redactar un manifiesto personal. Este documento será tu declaración de intenciones, un recordatorio tangible de quién te esfuerzas por ser y los principios que guiarán tus acciones diarias.

En la travesía de diseñar al ser deseado, la creación de un manifiesto personal emerge como un acto poderoso de autodefinición. Este documento no es simplemente una lista de objetivos; es la cristalización de nuestra visión, valores y propósito en una declaración apasionada que guiará nuestras acciones y decisiones diarias.

a. Claridad en la visión: El manifiesto personal comienza con la claridad de nuestra visión. Nos sumergimos en la exploración de lo que realmente queremos lograr y cómo visualizamos nuestro futuro ideal. Al pintar un cuadro vívido y detallado, creamos un faro que ilumina el camino hacia nuestro ser deseado.

b. Definición de valores fundamentales: En este proceso, revisamos y refinamos nuestros valores fundamentales. Estos son los principios rectores que se entrelazan con nuestra identidad. Al plasmar estos valores en el manifiesto, estamos estableciendo los cimientos éticos sobre los cuales construiremos nuestra transformación personal.

c. Compromiso con el crecimiento continuo: El manifiesto personal es una declaración dinámica que abraza el concepto de crecimiento continuo. Nos comprometemos a aprender, evolucionar y adaptarnos constantemente. Al reconocer que la transformación es un viaje, no solo un destino, infundimos nuestro manifiesto con la mentalidad de crecimiento constante.

d. Intenciones y acciones concretas: Cada afirmación en el manifiesto no solo expresa nuestros deseos, también se traduce en acciones concretas. Establecemos intenciones específicas y describimos los pasos prácticos que tomaremos para manifestar esas intenciones en la realidad. Esto convierte nuestro manifiesto en un mapa de ruta detallado hacia el cambio deseado.

e. Inspiración y Empoderamiento: El manifiesto personal no solo es una herramienta de autorreflexión; es una fuente constante de inspiración y empoderamiento. Al leerlo regularmente, recordamos nuestras fortalezas, aspiraciones y la capacidad innata de superar desafíos. Cada palabra se convierte en un recordatorio de nuestro propio potencial y resiliencia.

f. Manifestación de la Autenticidad: La autenticidad es el hilo conductor que teje nuestro manifiesto. Nos comprometemos a ser fieles a nosotros mismos, a abrazar nuestras singularidades y a vivir de acuerdo con nuestra verdad interna. Este compromiso con la autenticidad infunde nuestro manifiesto con una energía única y auténtica.

g. Revisión Periódica y Ajuste: El manifiesto personal es una obra en evolución. Nos comprometemos a revisarlo periódicamente, ajustando las declaraciones según nuestras experiencias y aprendizajes. Este proceso de revisión nos permite mantener nuestro manifiesto alineado con nuestro crecimiento y desarrollo constantes.

h. Celebración de los Logros: Cada logro, por pequeño que sea, es una victoria digna de celebración. En nuestro manifiesto, anotamos nuestros éxitos, honrando así nuestro progreso y recordando que cada paso nos acerca más a la materialización de nuestro ser deseado.

La creación de un manifiesto personal trasciende la mera escritura; es una afirmación audaz de nuestro compromiso con la transformación personal. Este documento se convierte en el testamento de nuestra determinación y la brújula que nos guía en el camino hacia la mejor versión de nosotros mismos.

La Visualización del Ser Deseado: A través de ejercicios de visualización avanzados que descibiremos en el siguiente capitulo, te sumergiré en la experiencia emocional de ser el individuo que deseas convertirte. Esta práctica no solo refuerza la conexión emocional con tus metas, así mismo sirve como un faro que te guía en momentos de desafío más adelante sobre la visualización del ser deseado.

Integración Continua: Diseñar al ser deseado es un proceso dinámico y en constante evolución debes integrar de manera continua los aspectos deseados de tu ser en tu vida cotidiana. Debes aprender a superar los obstáculos y a mantenerte fiel a la visión de tu yo deseado.

Historias de Transformación Personal: Para ilustrar estos conceptos, investiga historias impactantes de individuos que han diseñado conscientemente a la persona que desean ser y han logrado transformaciones extraordinarias. Estos relatos personales no solo te inspirarán, además servirán como mapas de ruta para tu propia travesía de transformación.

Reprogramación Mental y Emocional: Transformando Tu Mente para el Éxito

La reprogramación mental y emocional es un proceso consciente y deliberado mediante el cual una persona modifica sus patrones de pensamiento y respuestas emocionales para alinearlos con sus objetivos y aspiraciones más elevadas. Se fundamenta en la premisa de que nuestras creencias, pensamientos y emociones influyen directamente en nuestras acciones, por ende, en la calidad de nuestras vidas.

Este proceso implica examinar de cerca las creencias arraigadas, las percepciones limitantes y las respuestas emocionales automáticas que pueden estar obstaculizando el camino hacia el éxito con la realización personal. La reprogramación no se trata simplemente de cambiar pensamientos negativos por positivos, sino de cultivar un cambio profundo en la estructura misma de cómo percibimos el mundo y cómo respondemos a él.

Componentes Clave de la Reprogramación Mental y Emocional:
1. **Conciencia profunda:**
   - Reconocer y comprender las creencias subyacentes que han sido moldeadas por experiencias pasadas y entornos culturales. Esto implica cuestionar suposiciones arraigadas y abrirse a nuevas perspectivas.

2. **Autoindagación constante:**
   - Explorar activamente los pensamientos automáticos y las respuestas emocionales. Preguntarse a uno mismo el origen de ciertos patrones mentales y cómo estos han influido en el comportamiento a lo largo del tiempo.

3. **Reemplazo de creencias limitantes:**
   - Identificar creencias que limitan el potencial y reemplazarlas deliberadamente con afirmaciones poderosas y constructivas. Este

proceso implica cultivar nuevas formas de pensar que respalden la autoconfianza y el logro

.

4. **Visualización creativa:**
   - Utilizar la visualización para imaginar de manera vívida el logro de metas y aspiraciones. Esta técnica no solo refuerza la creencia en la posibilidad de éxito, también programa la mente para actuar de acuerdo con esos escenarios positivos.

5. **Gestión emocional:**
   - Desarrollar habilidades para gestionar emociones de manera saludable. Esto implica transformar la ansiedad en anticipación positiva, el miedo en valentía y el fracaso percibido en oportunidad de aprendizaje.

6. **Consistencia y paciencia:**
   - La reprogramación mental y emocional es un proceso continuo que requiere consistencia y paciencia. No es un cambio instantáneo, sino una transformación gradual que se consolida a lo largo del tiempo en el capítulo 2 ya nos referimos a este tema en el 5 pilar fundamental.

En esencia, la reprogramación mental y emocional es una herramienta poderosa para construir un nuevo yo al alinear los pensamientos y las emociones con la visión deseada de uno mismo. Al adoptar este enfoque, los individuos pueden superar barreras autoimpuestas, liberar su potencial latente y avanzar hacia el éxito duradero y la realización personal.

A continuación, te describimos algunas técnicas de reprogramación mental que puedes aplicar que te ayudarán a reprogramar tu mente en tu camino hacia el descubrimiento de tu otro yo:

Afirmando Positivamente:
1. Utiliza afirmaciones poderosas que refuercen la imagen del ser que estás diseñando. Por ejemplo, repite diariamente: "Soy valioso y capaz de lograr mis sueños" o "Cada día me acerco más a convertirme en mi mejor versión".

2. **Visualización Creativa:**
   - Dedica tiempo diario a la visualización de tu "yo deseado". Cierra los ojos e imagina vivamente cómo sería tu vida al alcanzar tus metas. Siente las emociones asociadas a ese logro. Esta práctica refuerza la conexión entre tu mente y tus aspiraciones en el siguiente capitulo habaleros mas a fondo sobre la visualizacion creative.

3. **Escritura de Metas:**
   - Detalla claramente tus metas. Escribe no sólo qué deseas lograr, así mismo por qué es importante para ti. Este ejercicio no solo clarifica tus objetivos, además refuerza tu compromiso con ellos.

Gestión Emocional para el Éxito:
1. **Identificación Emocional:**
   - Reconoce las emociones que te impulsarán

hacia adelante y aquellas que podrían representar obstáculos. ¿Qué emociones te motivan? ¿Cuáles podrían sabotear tu progreso? Conscientemente trabaja para potenciar las positivas y gestionar las negativas.

2. **Técnicas de Relajación:**
   - Incorpora prácticas de relajación, como la respiración profunda o la meditación, para mantener la calma en momentos de desafío. Una mente tranquila es más receptiva a la transformación y al aprendizaje.

3. **Redefinición de Fracasos:**
   - Cambia tu percepción de los fracasos. En lugar de verlos como obstáculos insuperables, puedes considerarlos como oportunidades de aprendizaje. Cada error es un paso más hacia la maestría de tu transformación recuerda que Isaac Newton realizó más de 1000 intentos para inventar la bombilla eléctrica.

Ejemplos Prácticos:

1. *Afirmando tu Éxito:*
   - Antes de una reunión importante, repite afirmaciones como "Soy un comunicador efectivo" o "Mi opinión es valiosa". Esto refuerza una mentalidad positiva antes de situaciones desafiantes.

2. *Visualización Diaria:*
   - Dedica 10 minutos cada mañana a visualizar tus metas. Imagina cada paso del camino hacia

el logro. Esta práctica establece una conexión más profunda entre tus acciones diarias y tus objetivos a largo plazo.

3. *Diario de Emociones:*
   - Lleva un diario emocional. Registra cómo te sientes cada día y busca patrones. Identificar emociones recurrentes te ayudará a ajustar tu enfoque de reprogramación mental.

Afirmando Positivamente:

1. Cada mañana, frente al espejo, repite afirmaciones como "Soy una persona resiliente que supera desafíos" o "Mis habilidades y talentos son únicos y valiosos".

2. **Visualización Creativa:**
   - Antes de dormir, visualiza lo que para ti sería tu día ideal de mañana. Visualiza interacciones positivas, soluciones creativas y logros significativos. Siente la alegría y satisfacción como si ya hubieras alcanzado tus metas.

3. **Escritura de Metas:**
   - Escribe tus metas a corto, mediano y largo plazo. Por ejemplo, si deseas avanzar en tu carrera, especifica el puesto deseado y las habilidades que adquirirás. Esta claridad aumentará tu compromiso.

4. **. Visualización Creativa:**
   La visualización creativa es una técnica poderosa para reprogramar la mente mediante la creación de

imágenes mentales vívidas y positivas. Al visualizar escenarios exitosos y experimentar emociones asociadas, construimos nuevos caminos neuronales que refuerzan una mentalidad positiva y orientada al éxito.

Gestión Emocional para el Éxito:
1. **Identificación Emocional:**
   - Antes de enfrentar situaciones desafiantes, identifica tus emociones. Si sientes ansiedad, trabaja en convertirla en una anticipación positiva. Si hay miedo, transfórmalo en valentía.

2. **Técnicas de Relajación:**
   - Practica la respiración consciente en momentos de estrés. Inhala profundamente contando hasta cinco y exhala lentamente. Esto te ayudará a mantener la calma y tomar decisiones desde un lugar equilibrado.

3. **Redefinición de Fracasos:**
   - Cuando enfrentes contratiempos, anota lo que aprendiste de la experiencia. En lugar de verlo como un fracaso, concédele el estatus de lección importante en tu camino hacia el éxito.

Métodos de Expertos para Reprogramación Mental y Emocional: Navegando Nuestro Interior

La reprogramación mental y emocional es un proceso esencial en la búsqueda del ser deseado. Adoptar métodos respaldados por expertos nos brinda las herramientas necesarias para explorar y transformar nuestras creencias arraigadas, patrones de pensamiento y respuestas emocionales. Aquí se detallan algunos métodos eficaces respaldados por expertos para esta crucial tarea:

1. Mindfulness y Meditación: La práctica del mindfulness y la meditación es un pilar central en la reprogramación mental. Estas técnicas nos permiten observar nuestros pensamientos sin juicio, identificar patrones negativos y cultivar la atención plena en el momento presente. Con el tiempo, esto crea un espacio para elegir respuestas conscientes en lugar de reacciones automáticas.

2. Programación Neurolingüística (PNL): La PNL es un enfoque que explora la conexión entre el lenguaje, el comportamiento y los patrones mentales. Al utilizar técnicas específicas, como el modelado y la visualización, la PNL nos capacita para cambiar percepciones limitantes, reemplazar creencias negativas y establecer metas claras al reprogramar nuestra mente de manera positiva.

4. **Hipnoterapia:** La hipnoterapia implica el uso de un estado de relajación profunda para acceder al subconsciente y modificar patrones de pensamiento. Guiados por un terapeuta, podemos explorar

5. **Auto indagación y Coaching Personal:** La auto indagación guiada y el coaching personal son métodos efectivos para explorar nuestras motivaciones, valores y metas. A través de preguntas reflexivas, podemos desentrañar capas internas, identificar áreas de mejora y establecer acciones concretas. Un coach personal puede proporcionar orientación experta para alinear

nuestras metas con nuestros valores fundamentales.

Acción con un Plan de 21 Días: Atraer Resultados de Manera Efectiva

La ejecución de un plan estratégico durante 21 días es una herramenta poderosa para transformar intenciones en acciones tangibles y resultados significativos. Este período se elige deliberadamente, ya que 21 días se considera suficiente para establecer nuevos hábitos y patrones de comportamiento y la ejecución de un plan concreto puede asegurar los resultados de las personas que están dispuestas a transformar positivamente su vida. El cambio efectivo requiere acción. Desarrollar un plan de acción con un horizonte temporal específico proporciona estructura y enfoque.

Aquí se presenta un plan práctico que los lectores pueden implementar para atraer resultados positivos en un tiempo específico.

- **Días 1-3: Claridad y Fijación de Objetivos**
    - *Actividad 1: Definir Objetivos Claros:* Dedica tiempo a identificar y describir con detalle las metas y objetivos que deseas lograr en tu viaje de transformación. Sé específico, cuantificable y establece plazos realistas.
    - *Actividad 2: Visualización Diaria:* Realiza un tablero de visión también llamado mapa mental que visualice al nuevo yo en el que te quieres transformar. Reserva unos minutos cada mañana y noche para visualizar tu nuevo yo como te verías en ese futuro presente, visualiza

tus metas y objetivos como si ya los hubieras alcanzado. Conéctate emocionalmente con la sensación de éxito. En el proximo capitulo te explicamos la metodologia para que puedas contruir tu tablero de vision.

- **Días 4-7: Diseño del Plan de Acción**
  - *Actividad 3: Desglose del Plan:* Divide cada objetivo en pasos más pequeños y alcanzables. Establece acciones diarias específicas que te acerquen a cada uno de ellos, introduce hábitos específicos que estén alineados con tus objetivos
  - *Actividad 4: Creación de un Calendario:* Utiliza un calendario para asignar cada acción a días específicos. Organiza tu tiempo de manera realista y asegúrate de cumplir con cada tarea planificada.

- ***Días 8-14: Implementación y Seguimiento***
  - *Actividad 5: Inicio de la Ejecución:* Comienza a poner en práctica tu plan. Concédeles la máxima prioridad a estas acciones diarias y mantén la consistencia.
  - Actividad 6: Registro y Evaluación Diaria: Lleva un registro diario de tus progresos. Evalúa qué acciones te acercan más a tus objetivos y ajusta el plan según sea necesario.
  -

- ***Días 15-21: Reforzamiento y Celebración***
  - *Actividad 7: Reforzamiento Positivo:* A mitad de camino, reflexiona sobre los logros alcanzados hasta ahora. Celebra los hitos pequeños y

recuerda el propósito más amplio de tu transformación.

- *Actividad 8: Ajustes Finales:* Realiza ajustes finales en tu plan según los aprendizajes de las primeras semanas. Asegúrate de que estás enfocado en las acciones más efectivas.

Ejemplo Práctico del Plan de 21 Días: Transformando la Rutina Matutina

Objetivo Principal: Establecer una rutina matutina que fomente la positividad y el enfoque

Semana 1:

- **Día 1:** *Identifica tres metas u objetivos principales para tu transformación.*
- **Día 3:** *Visualiza el logro de esas metas con detalle y plásmalos en tu tablero de visión.*
- **Día 7:** *Establece un calendario y fechas para medir las metas y objetivos propuestos mediante indicadores para la semana siguiente.*

Semana 2:

- **Día 9:** *Diseña una rutina matutina para establecer un tono positive y seguir el plan.*
- **Día 12:** *Introduce un hábito que apoye directamente una de tus metas, implementa el plan*
- **Día 14:** *Evalúa y ajusta tus rutinas según la efectividad percibida.*
-

Semana 3:

- **Día 16:** *Toma una acción significativa hacia una de tus metas.*
- **Día 18:** *Celebra los logros y aprendizajes hasta ahora.*

- ***Día 21:*** *Reflexiona sobre el progreso y establece próximos pasos.*

Este plan de 21 días actúa como un compromiso estructurado para mantenerse enfocado y progresar de manera constante hacia la transformación deseada. Cada día representa una oportunidad para cultivar nuevos hábitos y avanzar hacia el nuevo yo que estás construyendo.

Este ejemplo se puede adaptar a cualquier meta o objetivo específico del lector, brindándoles un marco estructurado y efectivo para lograr resultados notables en solo 21 días. Este plan de 21 días actúa como un compromiso estructurado para mantenerse enfocado y progresar de manera constante hacia la transformación deseada. Cada día representa una oportunidad para cultivar nuevos hábitos y avanzar hacia el nuevo yo que estás construyendo.

La clave radica en la consistencia, la adaptabilidad y el enfoque en acciones específicas y alcanzables.

Recuerda que para que este plan de inicio funcione y puedas comenzar a esculpir tu otro yo es necesario que integres los 5 piales de la transformación que vimos en el capítulo dos, tu mentalidad debe ya estar 100% enfocada en tus metas y objetivos ya debes de haber conseguido un mentor coherente de acuerdo a tu nuevo proyecto de vida, ya debes pertenecer a una comunidad de soporte que te ayude en el proceso y sobre todo no se te olvide practicar el arte de la paciencia y la persistencia, Recuerda que Roma no se construyó en un solo día.

Herramienta de Medición de Progreso: Avanzando Hacia los Sueños

Una parte crucial de cualquier proceso de transformación es la capacidad de medir y evaluar el progreso. Una herramienta efectiva de seguimiento proporciona claridad y dirección, permitiendo al individuo ajustar su enfoque según los resultados obtenidos. La medición del progreso es esencial para evaluar el impacto de tus esfuerzos y realizar ajustes según sea necesario. Aquí presentamos herramientas prácticas y ejemplos que permitirán al lector cuantificar y cualificar su transformación a lo largo del proceso.

Herramienta de Seguimiento Diario: Descubriendo a Tu Otro Yo

1. Diario de Transformación:
- *Herramienta:* Mantén un diario donde registres tus pensamientos, emociones y acciones diarias relacionadas con tus objetivos. Establece una escala de evaluación subjetiva para medir tu bienestar y nivel de satisfacción.
- *Ejemplo Práctico:* Al final de cada día, asigna una puntuación del 1 al 10 a tu nivel de energía, enfoque y felicidad. Observa patrones a lo largo de la semana y realiza ajustes en tus hábitos según los resultados.

2. Tablero de Visión Visual:
- *Herramienta:* Crea un tablero visual con imágenes, citas inspiradoras y metas escritas. Utiliza este tablero como recordatorio visual de tu destino y fuente de motivación diaria.

- *Ejemplo Práctico:* Actualiza tu tablero con imágenes que representen hitos alcanzados o metas por lograr. Visualizar tu progreso de esta manera refuerza la conexión emocional con tus objetivos.

3. Indicadores Clave de Desempeño (KPI):
- *Herramienta:* Identifica KPI específicos para tus metas. Estos podrían incluir números cuantificables como horas dedicadas, páginas escritas, o actividades completadas.
- *Ejemplo Práctico:* Si tu objetivo es mejorar la salud física, establece KPI como el número de días de actividad física por semana o la cantidad de series y repeticiones que realizaste de determinado ejercicio. Lleva un registro y ajusta según los resultados.

4. Encuestas de Retroalimentación Personal:
- *Herramienta:* Crea encuestas breves para autoevaluación. Pregunta sobre el progreso, los obstáculos superados y áreas que necesitan atención.
- *Ejemplo Práctico:* Semanalmente, hazte preguntas como "¿En qué medida he seguido mi plan?" o "¿Qué desafíos enfrenté esta semana?". Analiza las respuestas para identificar patrones y áreas de mejora.

5. Aliado de Responsabilidad:
- *Herramienta:* Comparte tus metas con tu mentor y comunidad de soporte para que actúen como aliados responsables en la adquisición de tus logros. Programa revisiones regulares para discutir tu progreso sin importar que sean pequeños.
- *Ejemplo Práctico:* Organiza reuniones quincenales para revisar tus avances y desafíos con tu mentor. Comunica tus logros a tu comunidad de soporte. La

retroalimentación de un aliado puede proporcionar perspectivas valiosas y motivación adicional.

Construyendo un Nuevo Yo: Más allá del éxito Instantáneo

El viaje de construir un nuevo yo no se trata solo de alcanzar metas a corto plazo, sino de cultivar una transformación duradera y significativa. Debes aprender   cómo consolidar el cambio y trascender el éxito instantáneo.

1. Integración de Hábitos:

- *Enfoque:* Identifica los hábitos que han demostrado ser más efectivos en tu transformación y trabaja en su integración natural en tu rutina diaria.
- *Ejemplo Práctico:* Si la meditación diaria o la visualización ha contribuido significativamente a tu bienestar emocional, establece un horario fijo para esta práctica y haz que sea parte integral de tu día.

2. Adaptabilidad y Flexibilidad:

- *Enfoque:* Reconoce que la vida está llena de cambios y ajusta tu enfoque según las circunstancias. Desarrolla la capacidad de adaptarse sin perder de vista tus metas a mediano y largo plazo.
- *Ejemplo Práctico:* Si un cambio en tu rutina te impide seguir tu plan exacto, encuentra alternativas y ajusta tu estrategia sin comprometer tus objetivos finales.

3. Celebración de Logros:

- *Enfoque:* Celebra tanto los grandes como los pequeños logros en el camino. El reconocimiento positivo refuerza la conexión emocional con tus esfuerzos y aumenta la motivación.
- *Ejemplo Práctico:* Programa momentos de celebración

al alcanzar hitos específicos. Esto podría incluir pequeñas recompensas, compartir tus logros con tus mentores, amigos y comunidad de soporte o simplemente tomarte un tiempo para reflexionar y disfrutar del progreso.

4. Ajuste Continuo del Mapa Mental:
- *Enfoque:* Tu viaje de transformación es dinámico. Ajusta tu mapa mental a medida que evolucionas y adquieres nuevas perspectivas sobre ti mismo y tus metas.
- *Ejemplo Práctico:* Realiza revisiones regulares de tu mapa mental. Si descubres nuevos aspectos de ti mismo o ajustas tus objetivos a medida que avanzas, actualiza tu mapa para reflejar estos cambios.
-

5. Contribución a otros:
- *Enfoque:* La transformación personal a menudo se enriquece al contribuir al bienestar de los demás. Explora oportunidades para compartir tus experiencias y apoyar a quienes te rodean.
- *Ejemplo Práctico:* Ofrece mentoría a alguien que esté comenzando un viaje similar. Compartir tu conocimiento no solo beneficia a otros, sino que refuerza tu propio compromiso con la transformación continua.

Recuerda siempre la importancia de mirar más allá del éxito inmediato y trabajar hacia una transformación profunda y sostenible. Al implementar estos enfoques, podrá construir y consolidar un nuevo yo que trascienda las limitaciones del pasado y abrace un futuro lleno de posibilidades.

CAPITULO 4

TABLEROS DE VISIÓN

El mapa mental hacía tu proceso de transformación navegando hacia la cima del éxito y el descubrimiento de mi otro Yo.

Un tablero de visión, también conocido como mapa de sueños, es una herramienta poderosa que utiliza la visualización creativa para ayudarte a alcanzar tus metas y transformarte en la persona que deseas ser. Se trata de una representación visual y tangible de tus objetivos, sueños y aspiraciones, diseñada para inspirarte y mantener tu enfoque en el camino hacia el éxito.

La creación de un Mapa Mental o Tablero de Visión es una herramienta visual y poderosa que actúa como un faro constante hacia tus sueños más desafiantes. Este proceso creativo te permite plasmar tus metas y aspiraciones de una manera tangible y concreta. Aquí te guiaré paso a paso en la creación de tu propio mapa mental.

Historias reales de los tableros de visión

En el año 1995, John Assaraf confeccionó un tablero de visión y lo instaló estratégicamente en la pared de su hogar cada vez que identificaba algo material que anhelaba adquirir o un destino que ansiaba visitar, capturaba una imagen y la adhería al tablero. Posteriormente, se sumergía mentalmente en la experiencia de disfrutar de su sueño.

Cinco años después, tras mudarse a su nueva residencia en el sur de California, John se encontraba en su estudio una mañana, cuando su hijo Keenan, de 5 años, entró y se acomodó sobre unas cajas que habían permanecido almacenadas durante cuatro años. Intrigado, Keenan preguntó a su padre sobre el contenido de las cajas. Al revelarle que se trataba de sus tableros de Visión, Keenan preguntó: "¿Tus tableros de qué?"

John abrió una de las cajas para mostrarle a Keenan uno de esos tableros de visión. Una sonrisa se dibujó en el rostro de John al contemplar el primer tablero, repleto de imágenes que representaban un automóvil deportivo Mercedes, un reloj y otros artículos, todos los cuales ya había logrado adquirir.

Al extraer el segundo tablero, sus ojos se llenaron de lágrimas. En aquel tablero se encontraba plasmada la imagen de la verdadera casa que acababa de comprar y en la que residía. No se trataba de una casa parecida, sino de la misma propiedad de 7,000 pies cuadrados, ubicada en 6 acres, con una cancha de tenis y 320 naranjos. Esta narración ilustra cómo los tableros de visión pueden materializar anhelos, incluso cuando permanecen guardados en una caja.

¿Te has preguntado alguna vez si podrías alcanzar tus metas de manera más rápida y sencilla? ¿Anhelas una mayor claridad sobre la dirección exacta que estás tomando en tu proceso de transformación y creación de tu mejor versión? Los tableros de visión emergen como una herramienta poderosa para asistirte en la consecución de tus metas. Pese a todo, es crucial comprender que no sustituyen el ímpetu y la energía que te impulsan a perseguir tus deseos; debes emprender las acciones necesarias.

No obstante, actúan como un enfoque que te permite orientarte con claridad y llegar a tu destino de forma más expedita mediante la intención de tu mente. La dirección en la que diriges tu energía mental positiva se expande determinará los resultados que obtendrás.

Al igual que destacados líderes de opinión a nivel mundial, como Oprah, Deepak Chopra o Ellen, los lectores de este libro que estén comprometidos verdaderamente en busca de un cambio positivo, y duraderos hallaran beneficios significativos al implementar tableros de visión en su proceso de transformación y la creación de su mejor versión de un nuevo yo.

Tú decides la faceta de tu vida o negocio hacia la cual deseas encaminarte, ya sea la riqueza, la salud, el estilo de vida o las relaciones. Como lector puedes valerte de un tablero de visión para trazar un camino hacia una existencia más plena, llena de felicidad, valor y satisfacción, alcanzando así su máximo potencial de acuerdo a tu propia definición de éxito que quieres lograr.

Importancia de los tableros de visión

Los tableros de visión dejan una huella en el cerebro que, con atención consciente, puede transformarse en realidad. Constituyen una faceta comprobada de la capacidad de tu cerebro para materializar; al crearlos, estás haciendo uso del poder interno que reside en tu propia mente.

Una vez que defines una dirección y te concentras en esa meta, tu subconsciente persistirá en la búsqueda de alcanzar ese resultado mientras llevas a cabo otras actividades. Al conectar con las imágenes plasmadas en tu tablero de visión tu cerebro se prepara para identificar y aprovechar oportunidades que, de lo contrario, podrían pasar desapercibidas. Este proceso te impulsará a emprender acciones concretas que facilitarán la realización de tus sueños.

Si puedes verlo y creerlo es mucho más fácil conseguirlo, pero esto no significa que todo el mundo que desarrolle un tablero de visión o escriba un cheque lo vaya a conseguir; muchas veces las personas que hacen este proceso no están verdaderamente comprometidas y no se involucran en ello. Tienes que verlo, visualizarlo, sentirlo y luego dejarlo ir, soltarlo y moverte a la dirección de lo que quieres. no pasa de repente es todo un proceso y de tiempo, el esfuerzo que le pones y toda esa energía que concentras se manifestará en cualquier momento.

Es pertinente aclarar que no se trata de magia. Tu tablero de visión no sustituirá el esfuerzo necesario para alcanzar una meta. Sin embargo, al establecer tu intención y creer en la posibilidad, te verás dando pasos concretos para convertir esa idea abstracta en realidad. La visión dirigirá de manera constante a tu mente hacia ese objetivo de manera subconsciente, atrayendo hacia ti personas, recursos y oportunidades que contribuirán a hacer realidad tus sueños.

La visualización emerge como uno de los métodos más efectivos para lograr lo que deseas. Al plasmar ese sueño por escrito en tu tablero de visión, incrementas el poder y la probabilidad de su materialización. Traslada tu visión interna al tablero a través de actividades prácticas para agilizar el proceso de manifestación.

Elige tu tablero de visión

Hablamos comúnmente de "un tablero de visión", pero en realidad, no se trata de uno único. Podría haber varios, y puede ser beneficioso crear más de uno. Tradicionalmente, un tablero de visión abarca todas las áreas de tu vida y representa todos tus sueños para el futuro. No obstante, para lograr un nivel óptimo de detalle, esto implica incorporar una gran cantidad de información en un tablero de dimensiones considerables.

Por ende, resulta más sensato dividir tus sueños y enfocarte en un tema a la vez. Por ejemplo, podrías crear un tablero de planificación para:

➤ Dinero
➤ Salud
➤ Familia/relaciones
➤ Estilo de vida
➤ Metas empresariales/negocios.

Si cuentas con diversas áreas cruciales en las que deseas enfocarte, esta estrategia te permitirá ahondar y concentrarte en cada una de ellas. No se trata de generar una cantidad ilimitada de tableros de visión, pero quizás dos o tres resulten más efectivos que uno solo.

De esta manera, podrás abordar los temas que tienen mayor relevancia para ti en el momento presente. Al crearlos de forma secuencial, puedes distribuir la tarea de manera que se integre de forma armoniosa con tus demás proyectos.

Pero ¿Cuál es el tiempo que debo esperar para obtener resultados?

La mayoría de las personas encuentran que experimentan los mejores resultados aproximadamente 12 meses después de haber creado su tablero de visión. Este marco temporal resulta ideal al establecer metas a mediano plazo como relaciones personales, desarrollo de un nuevo proyecto, dietas. Sin embargo, si este plazo parece demasiado extenso, una alternativa es probar con períodos de 3 a 6 meses y seguir de cerca el progreso.

Pero recuerda que los grandes cambios significativos conlleva de tiempo a John Assaraf le llevo 5 años obtener la casa de su sueño, a Jim Carrey se demoró 3 años Para que el cheque de 10 millones de dólares que él mismo se escribió por servicios de actuación se hiciera realidad.

Al elegir qué tablero de visión abordar primero, opta por aquel que te brindará los resultados que estás planificando según el período de tiempo específico que has determinado. Es esencial mantener la mente abierta, reconociendo que alcanzar los resultados puede llevar más o menos tiempo del anticipado, aunque en ocasiones puede llegar antes de lo esperado.

A medida que ganas confianza en el poder de los tableros de visión es posible que observes una aceleración en la materialización de tus objetivos.

Creando tu tablero de visión

Crear un tablero de visión efectivo es un proceso emocionante y creativo que te ayudará a materializar tus metas y dirigirte hacia tu "otro yo" Pero para que todo se materialice primero debes aprender e implementar poderosas técnicas de visualización para liberar tu creatividad.

Visualización de Metas

La visualización de metas es una técnica poderosa que impulsa el proceso de transformación personal al proporcionar una representación mental clara y vívida de tus objetivos. Es el acto de imaginar y experimentar internamente el logro de tus metas antes de que se materialicen en la realidad. Esta técnica no solo es utilizada por atletas de élite, sino que también puede ser una herramienta invaluable en el desarrollo personal.

Cualquier persona en cualquier ámbito de la vida puede beneficiarse de la visualización. Esta es una herramienta clave cuando se trata de crear tableros de visión para obtener resultados significativos que trasciendan en el tiempo, lo cual distingue a esta técnica de cualquier otro sistema de establecimiento de metas o planificación de acciones que hayas utilizado antes.

Muchos atletas de élite utilizan la visualización para perfeccionar sus habilidades y mejorar el rendimiento. Un corredor visualizará cruzar la línea de meta en primer lugar, un jugador de baloncesto se imaginará haciendo el tiro ganador. De manera similar, puedes visualizar tus logros personales, si tu meta es tener éxito en tu carrera, imagina cada paso del camino desde las pequeñas victorias diarias hasta los grandes hitos profesionales.

Los deportistas suelen incorporar la visualización en su rutina diaria. Al dedicar unos minutos cada día a imaginar el éxito, fortalecen su mentalidad ganadora.

Del mismo modo, establece un tiempo diario para visualizar tus metas mientras revisas tu tablero de visión. Hazlo parte de tu rutina matutina o nocturna para consolidar la conexión entre tus metas y tu día a día.

La visualización impulsa una participación más activa al transportarse desde el pensamiento lógico hacia la esfera creativa e intuitiva de tu cerebro. Diriges tus pensamientos hacia la visualización del escenario ideal en una situación o empleas tu imaginación para concebir cómo se desenvolverá de manera óptima dicha situación. Puedes integrar la visualización como preparación para diversos eventos, ya sea para hablar en público, abordar negociaciones comerciales, participar en reuniones de equipo, o en cualquier momento en el que desees rendir al máximo de tus capacidades.

El poder de la visualización para cambiar tu realidad
El cerebro no distingue entre una visión intensamente imaginada y la realidad de una situación. Por ende, al imaginar repetidamente el desenlace de un evento, el cerebro asume que es real y te conduce hacia el resultado que has visualizado.

Un deportista puede entrenar gran parte del tiempo visualizando su desempeño como ganador de la medalla de oro olímpica, incluso mientras permanece sentado en una silla. Algunos sostienen que esto resulta aún más poderoso que practicar en el terreno de juego.

La visualización es una práctica que muchos de nosotros llevamos a cabo de manera inconsciente. Soñamos con nuestro automóvil ideal, nos entusiasmamos con las imágenes que vemos en las revistas y seguimos programas de televisión relacionados. Tal vez, eventualmente, logremos poseer ese automóvil, aunque el resultado puede ser impredecible. Al añadir intención a través del tablero de visión, intensificamos la experiencia y contribuimos a hacer realidad el resultado con el que hemos fantaseado. **Esto se debe a que la visualización no se trata simplemente de fantasía, sino de la creación de una realidad concreta.**

La visualización no solo orienta tus deseos, además te auxilia en la definición precisa de lo que anhelas. Cuando tienes una comprensión clara de tus objetivos, el proceso de visualización sincroniza tu mente para discernir los siguientes pasos hacia la consecución de esos resultados. Asimismo, fomenta tu motivación para emprender acciones concretas en esos pasos.

Pinta una imagen mental de tu situación ideal, incorporando tantos detalles como sea posible, y comenzarás en la posición de triunfo desde el principio. Una vez que tengas claridad sobre los pormenores, puedes plasmarlos en papel en tu tablero de visión.

Desarrollando mi tablero de visión

Un tablero de visión, es una herramienta visual que representa gráficamente tus metas, deseos y aspiraciones. Se crea recopilando imágenes, palabras y elementos visuales que simbolizan los objetivos que deseas alcanzar. Estos elementos se colocan en un tablero, ya sea físico o digital, y se utilizan para recordarte tus metas, mantener el enfoque y fomentar la visualización positiva.

Un tablero de visión sirve como recordatorio constante de tus sueños y puede ser una herramienta efectiva para inspirarte y motivarte en tu camino hacia el éxito personal y profesional.

Guía Detallada para Crear tu Tablero de Visión de Transformación Personal: Descubriendo a tu Otro Yo

Crear un tablero de visión efectivo es un proceso emocionante y creativo que te ayudará a materializar tus metas y dirigirte hacia tu "otro yo". Aquí tienes una guía detallada paso a paso:

Paso 1: Reflexión y Definición de Metas

Antes de sumergirte en la creación, tómate el tiempo necesario para reflexionar sobre tus metas y sueños. ¿Qué transformaciones personales deseas experimentar? ¿Cuáles son los aspectos específicos de tu "otro yo" que deseas desarrollar? Anota estas metas para darles forma.

Paso 2: Reúne Materiales

Reúne los materiales necesarios. Necesitarás una cartulina grande o un tablero de corcho, revistas, tijeras, pegamento, marcadores, y cualquier otro material creativo que desees incorporar, como pegatinas, cintas o fotografías personales.

Paso 3: Espacio Inspirador

Encuentra un espacio tranquilo y sin distracciones para embarcarte en este proceso creativo. Prepara tu mente para la visualización positiva y la conexión con tus metas.

Paso 4: Exploración de Revistas y Recortes

Hojea revistas y busca imágenes y palabras que resuenen con tus metas y aspiraciones. Recorta estas imágenes y palabras. No te preocupes por la organización en este momento, simplemente sigue tu intuición.

Paso 5: Selecciona un Tema o Enfoque Central

Identifica un tema o enfoque central para tu tablero. Puede ser algo específico, como "Crecimiento Personal", o más general, como "Mi Vida Ideal". Esto le dará coherencia y dirección a tu tablero.

Paso 6: Organización y Disposición

Comienza a organizar tus recortes en el tablero. Experimenta con diferentes disposiciones y agrupaciones. No te preocupes por la perfección; la espontaneidad a menudo conduce a resultados más auténticos.

Paso 7: Añade Elementos Creativos

Personaliza tu tablero con elementos creativos adicionales. Puedes dibujar, escribir afirmaciones, agregar colores vibrantes o incluso pon una foto tuya en el centro como recordatorio de tu transformación personal.

Paso 8: Añade Afirmaciones Poderosas

Incorpora afirmaciones que refuercen tus metas. Estas afirmaciones deben estar formuladas en tiempo presente y de manera positiva. Por ejemplo, "Soy una persona llena de confianza y éxito".

Paso 9: Revisa y Ajusta

Tómate un momento para revisar tu tablero de visión. ¿Refleja fielmente tus metas y aspiraciones? ¿Evoca emociones positivas? Ajusta según sea necesario.

Crear un tablero de visión es un viaje de autodescubrimiento y empoderamiento. Este proceso creativo te conectará emocionalmente con tus metas y te recordará diariamente la persona increíble en la que te estás convirtiendo. ¡Atrévete a soñar y a creer en ti "construr tu otro yo si es posible"

Tableros de vision digital

Como ya señalamos, existe la posibilidad de elaborar una versión digital de un tablero de de vision. Si optas por la vía digital, puedes llevar a cabo este proceso de manera sencilla creando un tablero en Pinterest y luego importando tus imágenes a un lienzo digital en blanco, como por ejemplo, en Canva.

Pero según mi experiencia la versión manual funciona mejor para la mayoría de las personas que las generadas por computadoras. La acción tangible de recortar imágenes y adherirlas con pegamento fortalece la influencia en tu mente, consolidando así el impacto positivo de tu tablero de visión.

Si optas por la alternativa digital, es importante que reúnas tus imágenes y texto, almacenándolos en una carpeta en línea antes de organizarlos en un collage.

Cómo usar tu tablero de visión

Después de invertir tiempo y energía en la creación de tu

tablero de visión, es crucial cargarlo regularmente con energía. Para lograr esto, asegúrate de mantener tu tablero fácilmente visible.

Si bien los tableros de visión pueden surtir efecto incluso si se almacenan durante largos periodos, como lo hizo John Assaraf, los resultados tienden a ser más eficaces si tu tablero se exhibe en algún lugar visible donde puedas verlo constantemente. Esto podría significar ubicarlo en tu escritorio, mesa de noche o cerca del espejo en tu baño. Incluso puedes capturar una imagen de tu tablero y utilizarla como protector de pantalla en tu computadora o teléfono celular.

Lo más importante es que se encuentre en un lugar que puedas visualizar todos los días, y preferiblemente, dos veces al día para optimizar su impacto. Mientras dedicas tiempo a observar tu tablero de visión, conecta con los sentimientos que evocan las imágenes seleccionadas y lee en voz alta las palabras, citas y afirmaciones que hayas incorporado. Sumérgete en las fotos que reflejan la realización de tus sueños, vive la experiencia representada en el tablero.

Cuanto más te acerques a experimentar cómo sería encontrarte en esa situación, más arraigada quedará la impresión en tu cerebro. Antes de irte a dormir o al despertar por la mañana, cuando aún te encuentres en un estado relajado, dedica tiempo a contemplar tu tablero de vision, al hacerlo, te sumergirás en tus visiones antes de dormir y despertarás con un renovado deseo de alcanzar tus metas.

Cada vez que dediques tiempo a tu tablero de visión, reconoce los logros que has alcanzado en tu vida y siente gratitud por todo lo que posees.

Evalúa los resultados

Como bien sabes, no existe un plazo estricto para materializar tus sueños y tu proceso de transformación hacia un nuevo yo. Sin embargo, es fundamental que realices evaluaciones periódicas para evaluar el progreso. Se recomienda llevar a cabo al menos una revisión cada 6 o 12 meses, durante este proceso, podrás observar lo que ya has logrado. Si percibes que no se han producido avances significativos en alguna de las áreas de tu tablero de visión, reflexiona sobre cómo puedes revitalizar esa sección. Añade un toque de innovación o utiliza expresiones más impactantes.

Asimismo, verifica si estas aplicando todos los principios recomendados en este libro, evalúa si tu mentalidad está acorde con tu objetivo, evalúa si tu mentor y tu comunidad de soporte son los adecuados. Revisa que lo que plasmas en tu tablero de visión sea lo suficientemente específico y atractivo para ti. Si elegiste una imagen específica porque sentías la obligación de hacerlo o porque alguien más lo sugirió, es poco probable que atraigas la energía adecuada.

Sobre todo, evita culpabilizarte si las cosas no han evolucionado como esperabas. Busca lecciones aprendidas y considera cómo la falta de progreso podría tener beneficios. Por ejemplo, podrías descubrir que algo que creías deseado con fervor hace 6 meses ya no tiene la misma relevancia, por lo que podrías optar por eliminarlo y reemplazarlo con algo que realmente ansías.

No olvides llevar a cabo una revisión exhaustiva de todos tus tableros de vision, especialmente si has creado más de uno.

CONCLUSIÓN:

Con la lectura de este libro, has explorado los fundamentos esenciales para transformar tu vida de manera significativa. Este libro, "Descubriendo a mi otro yo," será tu guía, proporcionándote las herramientas necesarias para emprender un viaje interior que cambiará tu perspectiva y te llevará hacia el éxito duradero.

Descubiendo a mi tro yo, no es solo un libro; es un faro que ilumina el camino hacia una versión más plena y vibrante de ti mismo. Este viaje no tiene fin. Cada día es una oportunidad para construir, ajustar y crecer. Ahora, te enfrentas al mundo con una nueva perspectiva. ¡Ve y vive la grandeza que has descubierto dentro de ti!

Si crees que este libro cumplió con tu expectativa   o crees que hay algo que debamos mejorar deja tus comentarios   en el sitio web donde compraste este libro   tu opinión es muy importante espero verte en la cima y conocer tu historia de éxito.

AGRADECIMIENTOS

En el viaje de la creación de este libro, me siento profundamente agradecido por la oportunidad de compartir ideas que pueden transformar vidas. Este proyecto no habría sido posible sin el apoyo y la inspiración de varias personas y recursos valiosos.

Agradezco a mi esposa y hija por su inquebrantable apoyo y comprensión durante las largas horas de escritura. Su amor constante ha sido mi ancla en las tormentas creativas.

A mi hermana Yuliana, a quien dedico largas horas en la revisión del manuscrito de este libro. La colaboración ha sido fundamental, y estoy agradecido por la energía positiva que ha aportado.

Mi profundo agradecimiento a mis mentores y expertos cuyos métodos y enseñanzas han sido la columna vertebral de esta obra. Su sabiduría ha sido una guía invaluable en la creación de un camino hacia la transformación personal.

Agradezco a los lectores por comprar este libro y confiar en este viaje compartido de autodescubrimiento. Su búsqueda de crecimiento personal es la chispa que enciende la llama de este libro.

Finalmente, agradezco a la vida y al universo por las experiencias que han tejido la tela de esta narrativa. Que este libro sirva como una brújula para aquellos que buscan descubrir a su otro yo lograr una verdadera transformacion.

Para contactar con el autor: emprendimientosdeexitos@gmail.com

Siguenos en mi canal de youtube:

https://www.youtube.com/@emprendedoresqueinspiran